구원의 확신

도널드 휘트니

추천의 말 : 존 맥아더

네비게이토 출판사

네비게이토 선교회는
국제적이며 복음적인 기독교 기관이다.
예수 그리스도께서는 자기를 따르는 자들에게
"너희는 가서 모든 족속으로 제자를 삼으라"
(마태복음 28:19)는 지상사명을 주셨다.
네비게이토 선교회는 세계 모든 국가에서
예수 그리스도의 일꾼들을 배가시켜
이 지상사명의 성취를 돕는 것을
근본 목표로 하고 있다.

네비게이토 출판사는
네비게이토 선교회의 문서 선교를 담당하고 있다.
본 출판사에서는 그리스도인의 영적 성장을 돕는
서적과 자료들을 출판하여,
그리스도인의 삶의 기초가 견고한
헌신된 제자로 성장하게 하고,
나아가 성숙한 인격과 지도력을 갖춘
일꾼이 되도록 돕고 있다.

HOW CAN I BE SURE I'M A CHRISTIAN?

What the Bible Says About Assurance of Salvation

DONALD S. WHITNEY

Translated by permission
Title originally published in English as
HOW CAN I BE SURE I'M A CHRISTIAN?
by NavPress, a ministry of The Navigators.
©1994 by Donald S. Whitney
Korean Copyright ©1997
by Korea NavPress

능히 너희를 보호하사 거침이 없게 하시고
너희로 그 영광 앞에 흠이 없이 즐거움으로 서게 하실 자
곧 우리 구주 홀로 하나이신 하나님께 우리 주 예수
그리스도로 말미암아 영광과 위엄과 권력과 권세가
만고 전부터 이제와 세세에 있을지어다. 아멘.
유다서 24-25

차 례

추천의 말　9
1 구원의 확신 - 가능합니까?　15
2 구원에 대한 의심들　27
3 확신의 기초　37
4 내적 확증　51
5 구원의 증거　69
6 영적 사고 방식　97
7 확신을 잃게 하는 것들　117
8 확신과 연관된 공통적인 문제들　141
9 가짜 구원의 확신　167
10 아직도 확신하지 못한다면　195

추천의 말

요즘의 그리스도인들은 교리적 진리와 실용적 진리를 구별하는 잘못을 범하고 있습니다. 마치 교리적 진리는 학문적이며 비효과적이고 실제 생활에는 도움이 별로 안 되는 것처럼 생각하는 것입니다. 물론 그러한 생각은 올바르지 않습니다. 모든 "실용적" 진리는, 만약 그것이 진정 진리라면, 건전한 교리에 기초를 두어야 합니다. 또한 맞든 틀리든 모든 교리는 결국에는 실제 삶에 영향을 미칩니다. 이처럼 교리와 실제적인 삶은 불가분의 관계가 있는 것입니다.

어떤 교리보다도 구원의 확신에 관한 교리는 실용적이며 실제적입니다. 사실 새로이 예수님을 믿은 그리스도인은 구원의 확신에 대한 교리를 알고 싶어 성경 공부를 시작하는 경우가 흔히 있습니다. 아마도 당신은 구원의 확신에 대한 문제를 해결하려고 이 책을 펼쳤을지도 모릅니다. 만약 그렇다면, 성경에 기초를 두었으며, 읽기 쉽고, 공부에 크게 도움을 주는 알찬 책을 선택했다고 할 수 있습니다.

확신과 관련하여 피해야 할 두 가지 극단이 있습니다. 하나는 너무 쉽게 얻는 확신으로 만족하는 것입니다. 이로 말미암아 깊이가 없고 그릇된 확신을 가지게 되며, 영적으로 무감각하고 냉담한 삶을 살게 됩니다. 이러한 가짜 확신이 우리 세대에 독버섯처럼 널리 퍼져 있습니다. 또 하나의 극단은 늘 확신이 없이 살며, 이로 말미암아 관심이 늘 자기 자신과 자신의 두려움 및 실패에만 가 있게 되는 것입니다. 그 결과, 흔들리며 연약한 믿음에 머물게 됩니다. 이러한 경향은 이전의 교회에 해를 끼쳤으며, 유감스럽게도 오늘날에도 어떤 교파에서는 전체 교인이 진리에 기초를 둔 확신에 대해 들어 본 적도 없습니다.

하나님께서 모든 믿는 자들이 구원의 확신을 선명하게 가지기를 원하고 계시며, 이 사실은 성경에 잘 나타나 있습니다. 바로 이러한 목적을 위해 사도 요한은 한 서신서를 기록하기도 하였습니다. "내가 하나님의 아들의 이름을 믿는 너희에게 이것을 쓴 것은 너희로 하여금 너희에게 영생이 있음을 알게 하려 함이라"(요한일서 5:13). 히브리서 기자는 다음과 같이 기록하였습니다. "우리가 간절히 원하는 것은 너희 각 사람이 동일한 부지런을 나타내어 끝까지 소망의 풍성함에 이르러"(6:11). 여기서 "소망의 풍성함"은 "소망에 대한 온전한 확신"을 의미합니다. 기자는 또한 "참 마음과 온전한 믿음으로 하나님께 나아가자"(10:22)고 했습니다. "온전한 믿음"은 "믿음의 온전한 확신"으로 풀 수도 있습니다.

그러므로 구원의 확신은 그리스도를 참되게 믿는 모든 사람에게 있어서는 하나님의 자녀로 태어나면서부터 누리게 되는 권리요 특권입니다. 그럼에도 모든 그리스도인은 때로 확신이 흔들릴 때가 있습니다. 진정한 구원의 확신을 유지하기 위해서는 이러한 의심을 다루는 법을 알며, 고린도후서 13:5에서 말하는 "자신을 시험하고 확증하는 것"이 무엇인지 이해하고, 우리 안에 그리스도께서 살아 계신지를 분별하며, 무엇보다도 우리의 믿음을 성경의 약속들과 하나님의 성품에 고정시켜야 합니다.

오늘날 구원의 확신을 다루고 있는 책들이 많이 있지만, 이 주제를 너무 피상적으로 다루고 있습니다. 그들은 모든 사람에게 구원의 확신을 주려고 애쓴 나머지 가짜 확신에 대한 성경의 경고를 무시하고 있습니다. 반면에 이전의 책들은 구원이 개인의 경건과 거룩한 삶에 의존하고 있는 것으로 가르치기 때문에 사실 그 누구도 진정한 확신을 얻지 못하게 하고 있습니다.

본서에는 저자가 가짜 구원의 확신과 만성적인 의심에 대하여 명쾌하게 다루고자 노력한 흔적이 역력합니다. 구원의 확신과 연관된 혼돈의 여지가 있는 이슈들을 잘 다루었을 뿐만 아니라, 이 진리가 모든 그리스도인들에게 쉽게 전달되도록 간결하고 알기 쉽게 설명하고 있습니다. 무엇보다도 가장 큰 장점은 철저하게 처음부터 끝까지 성경을 기초로 하고 있다는 것입니다.

이 책은 구원의 확신에 대하여 잘 다룬 좋은 책입니다. 나는 하나님께서 이 책을 크게 사용하셔서 많은 사람들이 구원의 확신이라는 문제를 해결할 수 있도록 도와주시리라 믿습니다. 이제 막 그리스도를 믿고 주님과 동행하는 삶을 시작하는 사람이건, 혹은 구원에 관한 교리를 더 깊이 이해하고 싶은 기존 그리스도인이건 간에 본서를 통하여 영적으로 성장하며, 믿음을 견고히 하고, 영적인 이해의 깊이를 더하는 데에 도움을 얻을 것입니다.

— 존 맥아더

감사의 글

잠언 11:14에는 "도략이 없으면 백성이 망하여도 모사가 많으면 평안을 누리느니라"라고 기록되어 있습니다. 나는 이 책을 쓸 때 하나님께서 보내 주신 "많은 모사들"에게 감사를 드리고자 합니다. 존 암스트롱, 톰 아스콜, 조우얼 비키, 팀 버거, 존 블랜차드, 짐 보이스, D. A. 카슨, 짐 엘리프, 로저 플레밍 부부, R. F. 게이츠, 앨런 그리스우드, 켄트 휴즈, T. W. 헌트, 필 존슨, 존 맥아더, 데비 마튼즈, 톰 네틀즈, 톰 필립스, 랜스 퀸, 짐 시블리, 팻 스튜어트, 그리고 워드 워커. 이분들은 이 책의 원고를 읽고 방향을 제시하며, 제안과 격려를 하여 주었습니다.

세세한 영역에서 도움을 준 케티 선데이에게 감사를 드립니다. 기쁜 마음으로 적극적으로 내용을 검토하여 준 짐 라티엔에게도 감사를 드립니다. 자상하게 여러 가지로 지원해 준 미국 네비게이토 출판사의 여러분들께도 감사를 드립니다. 특히, 편집에 도움을 준 존 스타인에게 감사를 드립니다.

이 책을 쓰는 동안 성원하며 기도하여 주신 글렌필드 침례교회의 교우 여러분들께도 감사를 드립니다.

나를 신뢰하며 믿어 준 아내에게 특별히 고마움을 느낍니다.

모든 분께 감사를 드립니다! 본서를 만드는 데에 한 역할들로 말미암아 하나님께서 여러분들에게 복을 주시기를 기도드립니다.

제 1 장

구원의 확신 - 가능합니까?

> 확신은 귀한 선물입니다만 오늘날의 많은 사람들은 이를 과소평가하며 짓밟아 버릴 때가 있습니다.
> – 앤드루 그레이

1858년에 증기 여객선 오스트리아 호에 화재가 나서 대서양에 침몰하는 바람에 400명이 죽은 사건이 있었습니다. 그 후 한 생존자가 기도 모임에 참석하여 다음과 같은 이야기를 들려주었습니다. 그는 다섯 명의 그리스도인 친구들과 함께 있었는데, 뒤에는 배가 불타오르고 있었고 앞에는 출렁이는 바다가 있었습니다. 그들은 배가 가라앉으면 함께 물속으로 뛰어들기로 약속했습니다. 때가 되자 그들은 서로 손을 잡고, 마주 보더니 잠시 후에 천국에서 다시 만나자며, 대서양의 차가운 바닷물로 뛰어들었다고 합니다.

그 기도 모임에 참석했던 사람들은 이 이야기를 듣고는 큰 감명을 받았습니다. 나도 이 이야기를 책에서 읽고 큰 도전이 되었습니다. 죽음을 맞이하는 방법이 참으로 감동적이었습니다. 사랑하는 친구나 가족을 몇 분 후에는 하늘나라에서 다시 만난다는 것을 알 때 얼마나 기쁠까요! 그러나 무엇보다도 죽음의 순간에 하늘나라에 들어가고 있다는 그러한 확신을 가질 수 있다는 것이 얼마나 멋있는 일인지 모릅니다.

　누구나 예외 없이 언젠가는 죽음을 맞이한다는 생각을 할 때 자신이 하늘나라를 향해 가고 있는지를 아는 것보다 더 중요한 문제는 없을 것입니다.

　대부분의 사람들은 자기가 하늘나라에 갈 것이라고 생각합니다. 조사통계학자인 조지 바아나의 말에 의하면, 99%의 미국인이 자기는 하늘나라를 향하여 가고 있다고 믿습니다. 죽으면 하늘나라에 들어가지 못할 것이라고 생각하는 사람은 100명 중 한 명에 불과했습니다.

　그러나 성경에서는 그렇게 말하고 있지 않습니다. 예수님께서는 하늘나라에 들어갈 사람이 많지 않다고 말씀하셨습니다. "좁은 문으로 들어가라. 멸망으로 인도하는 문은 크고 그 길이 넓어 그리로 들어가는 자가 많고, 생명으로 인도하는 문은 좁고 길이 협착하여 찾는 이가 적음이니라"(마태복음 7:13-14).

　분명, 하늘나라에 들어갈 수 있다고 확신하는 사람 중에는 잘못 알고 있는 사람이 있습니다. 우리는 어떻게 해야 속지 않을 수 있겠습니까? 우리가 어디를 향해 가고 있는지 알 수 있는 방법은 없습니까? 오스트리아 호에 타고 있던 그 사람들과 같은 확신을 갖는 것이 가능합니까?

그리스도인이라면 누구나 구원의 확신을 가질 수 있다

구원의 확신이란, 자신을 대신하여 그리스도께서 죽으시고 부활하심으로 말미암아 모든 죄를 사함받았다는, 하나님께서 주시는 확신입니다. 여기에는 자신이 하나님의 사랑을 받고 있으며, 택함을 받았으며, 장차 하늘나라에 들어가게 된다는 확신이 포함됩니다. 확신을 가지게 되면, 죄책감에서 벗어나게 되며, 심판과 형벌의 두려움에서 해방되고, 그리고 아버지이신 하나님과의 교제를 통한 즐거움을 누리게 됩니다.

불행하게도 많은 사람들이 이 세상에서 구원을 확신하는 것은 불가능하다고 믿습니다. 하나님의 특별한 계시를 받아 구원을 받았다는 확증을 받은 "특별한" 경우를 제외하고는 구원을 확신할 수 없다고 말하는 사람도 있습니다. 그들은 성경에서 가르치는 바를 진심으로 믿고 있다고 해도 여전히 진정으로 구원을 받았는지는 심판 때에 가보아야 한다고 가르칩니다. 심지어 어떤 교회에서는 이 세상에서 자기가 하나님과 올바른 관계 가운데 있고 죄를 사함받았으며 하늘 나라에 갈 수 있다고 확신하는 사람들에게는 하나님의 진노가 쌓인다고 가르치기까지 합니다.

그러나 구원의 확신을 갖는 것은 가능할 뿐만 아니라, 이러한 확신은 진정한 그리스도인이라면 누구나 가지고 있어야 할 정상적인 것입니다.

로마서 8:16은 "성령이 친히 우리 영으로 더불어 우리가 하나님의 자녀인 것을 증거하시나니"라고 분명하게 말하고 있습니다. 이것은 하나님의 자녀라면 누구나 현재 경험하고 있는 내용입니다. 사도 바울이 가졌던 다음과 같은 구원의 확신은 모든 그리스도인이 가질 수 있습니다. "이를 인하여 내가 또 이 고난을 받되 부끄러워하지 아니함은 나의 의뢰한 자를 내가 알고 또한 나의 의탁한 것을 그날까지 저가 능히 지키실 줄을 확신함이라"(디모데후서 1:12).

베드로후서 1:10에서 하나님께서는 우리에게 구원의 확신을 견고하게 갖도록 명령하고 계십니다. "그러므로 형제들아, 더욱 힘써 너희 부르심과 택하심을 굳게 하라. 너희가 이것을 행한즉 언제든지 실족지 아니하리라." 만약 하나님께서 확신을 주실 작정이 아니었다면 모든 그리스도인들에게 이러한 명령을 하지 않으셨을 것입니다.

요한일서 5:13에서 사도 요한은 자기가 그 편지를 쓰는 이유가 예수 그리스도를 믿는 사람들이 영생을 가졌음을 알도록 하기 위함이라고 분명하게 말합니다. "내가 하나님의 아들의 이름을 믿는 너희에게 이것을 쓴 것은 너희로 하여금 너희에게 영생이 있음을 알게 하려 함이라."

어떤 사람들은 확신이 믿음의 핵심 요소라고 가르칩니다. 즉 진정한 믿음이 있다면 자연히 확신도 있다는 것입니다. 그들은 그리스도로 말미암아 구원을 받았다는 확신이 없다면 진정으로 그리스도를 믿고 있는 게 아니라고 합니다. 그들은 히브리서 11:1과 같은 말씀을 주장합니다. "믿음은 바라는 것들의 실상이요, 보지 못하는 것들의 증거니." 물론, 당신을 구원하기 원하시는 그리스도의 사랑과 능력에 대한 어느 정도의 확신은 필요하겠지요. 그렇지 않다면 당신은 그리스도를 믿지 않았을 테니까 말입니다. 그러나 구원을 받으려면 어느 정도의 확신이 필요합니까? 구원을 받은 사람들 가운데는 처음부터 강한 확신을 가지는 사람도 있지만, 모든 사람이 그런 것은 아닙니다.

구원을 받기 위해서는 견고하고 흔들리지 않는 확신이 반드시 있어야 한다고 말할 수는 없습니다. 강한 확신이 없어도 참된 그리스도인이 될 수 있습니다. 그렇기 때문에, 사도 요한은 그 자신이 알기로 진정한 그리스도인인데도 확신은 없는 사람들에게 확신을 주기 위해 요한일서 5:13과 같은 말을 한 것입니다.

물론 믿으면 기본적으로 어느 정도의 확신이 따를 것이라는 것은 인정하지만, 구원을 얻는 방법을 설명할 때 성경에서 결코 확신이라는 요소를 강조하지는 않습니다. 대신에 마가복음 1:15은 그리스도인이 되기 위하여 회개하고 믿기만 하면 된다고 말합니다. 회개하고, 믿으며, 확신을 가져야 한다고 말하지 않습니다. 그러므로 만약 믿음 그 자체에 기본적으로 확신이라는 것이 포함되어 있다면, 그것은 히브리서 10:22에서 말하는 "온전한 믿음"과는 다릅니다. 이 두 상태 사이에는 확신의 정도가 수만 가지이기 때문입니다.

성경은 반드시 완전하고 흔들리지 아니하는 구원의 확신이 있어야 그리스도인이라고 하지는 않지만, 모든 그리스도인이 만족할 만한 구원의 확신을 누릴 수는 있다고 가르치고 있습니다.

생각해 보십시오. 대통령이 사형수를 사면했다고 합시다. 그러면 그 사형수에게 이를 알릴 것입니다. 사형수가 교수대에 설 때까지 기다리고 있다가 그때야 사면받았다는 것을 알리지는 않을 것입니다. 마찬가지로 하나님께서는 우리를 용서하셔서 그분의 가족의 일원으로 삼으셨습니다. 하나님께서는 우리가 새로운 신분을 가지게 되었다는 사실을 우리가 혹시 지옥에 떨어지지는 않을까 염려하면서 심판날 그분 앞에 설 때까지 감추고 계시지는 않을 것입니다. 하나님께서는 우리가 용서를 받았다는 사실을 확신하며 "참 마음과 온전한 믿음으로 하나님께 나아가기"를 원하십니다(히브리서 10:22).

구원받지 않은 사람도 가짜 구원의 확신을 가질 수 있다

구원을 받았으면서도 자기의 구원을 의심하고 있기에 확신하는 것이 필요한 사람들이 많이 있는 반면에, 정말 구원받았는지 의심해 보아야 함에도 전혀 의심치 않고 있는 사람도 많이 있습니다.

마지막 심판에 대하여 말씀하시면서, 예수님께서는 "그날에 많은 사람이 나더러 이르되, '주여, 주여, 우리가 주의 이름으로 선지자 노릇 하며, 주의 이름으로 귀신을 쫓아내며, 주의 이름으로 많은 권능을 행치 아니하였나이까?' 하리니, 그때에 내가 저희에게 밝히 말

구원의 확신 – 가능합니까?

하되, '내가 너희를 도무지 알지 못하니, 불법을 행하는 자들아, 내게서 떠나가라' 하리라"고 말씀하셨습니다(마태복음 7:22-23). 그때에 가서야 자기가 구원받지 못했다는 사실을 알고 많은 사람이 충격을 받을 것입니다. 그 순간까지 확신에 차 있었지만, 이는 가짜 확신이었습니다.

조지 바아나의 조사 결과를 생각해 보십시오. 미국 사람의 99%가 하늘나라에 갈 수 있다고 확신한다고 했습니다. 과연 그들이 다 구원을 받았을까요?

예수님 시절에 유명한 종교 집단이 있었습니다. 그들은 가짜 구원의 확신을 가지고 있었습니다. 바리새인이라는 이들은 유대의 율법을 엄격히 지키는 사람들이었습니다. 그들은 예수님의 가르침과는 정반대였습니다. 그러나 자신들은 하나님과 올바른 관계에 있다고 확신하였습니다. 그들은 자신 있게 기도하였습니다. "바리새인은 서서 따로 기도하여 가로되, '하나님이여, 나는 다른 사람들 곧 토색, 불의, 간음을 하는 자들과 같지 아니하고, 이 세리와도 같지 아니함을 감사하나이다. 나는 이레에 두 번씩 금식하고, 또 소득의 십일조를 드리나이다' 하고"(누가복음 18:11-12).

그러나 그들의 확신은 진리에 기초한 것이 아니었습니다. 겉으로 보기에는 의로운 것 같고 하나님의 계명을 지키는 것 같았지만 예수님께서는 그들에게 무서운 말씀을 하셨습니다. "화 있을진저! 외식하는 서기관들과 바리새인들이여.…너희보다 배나 더 지옥 자식이 되게 하는도다"(마태복음 23:15). "뱀들아, 독사의 새끼들아, 너희가 어떻게 지옥의 판결을 피하겠느냐?"(마태복음 23:33).

"지옥 자식"도 심판받는 순간까지는 자기가 하늘나라에 갈 수 있다고 확신하며 안심할 수 있습니다. 어떻게 이런 일이 일어날 수 있습니까? 이에 관해서는 나중에 다루겠습니다. 그러나 진정한 그리스도인과 그리스도인이라고 자처하나 실제는 그렇지 않은 사람의 몇 가지 차이를 살펴봅시다. 진정한 그리스도인은 죄를 짓는 것을 두려워합니다. 믿는 사람들은 경험적으로도 죄의 결과로 인하여 확신의 감정이 사라질 때가 있다는 것을 알고 있습니다. 그들은 확신을 지키려고 하며, 확신을 귀히 여깁니다. 그러나 가짜 확신을 가진 사람들은 확신을 잃을 가능성에 대하여 그리 관심이 없습니다. 확신을 별로 귀하게 여기지 않는 태도를 보입니다. 그들은 확신을 당연한 것으로 여깁니다.

또 다른 차이로, 가짜 확신을 가진 사람은 확신의 근거를 하나님의 말씀이 아니라 다른 것에 두고 있습니다. 마태복음 7:22-23에서 볼 수 있듯이, 심판날에 충격을 받는 사람들은 "주님, 주님께서는 제가 회개하고 믿으면 저를 구원하겠다고 성경에서 약속하시지 않았습니까?"라고 말하지 않습니다. 대신에 그들은 확신의 근거를 자기들이 선지자 노릇한 것과 귀신을 쫓아낸 것과 기적을 행한 것에 두고 있습니다. 만약 그런 사람이 구원의 확신의 기본적인 토대는 말씀이라는 교훈을 받으면, "아, 물론 저도 동의합니다"라고 말할 것입니다. 그러나 그리스도를 직접 만날 때, 구원의 근거로서 하나님의 약속이 아니라 다른 것을 내세움으로 자신들이 무엇을 의지해 왔는지를 드러낼 것입니다.

오늘날 많은 사람들이 왜 구원을 확신하고 있느냐고 물으면, "세례를 받았습니다," "안수를 받았습니다," "교회에 다닙니다," "전도집회에서 믿을 사람은 나오라고 했을 때 앞으로 나갔습니다," "기도모임에 참석하곤 했습니다,""기독교 가정에서 자랐습니다," "성찬식에 참석했습니다," 또는 "다른 사람들에게 선을 베풀었습니다"라고 대답할 것입니다. 이는 근본적으로 예수님께서 심판날에 많은 사람들이 이러이렇게 대답할 것이라고 하신 대답과 동일합니다. 이들은 하나님께서 말씀하신 것이나 행하신 것이 아니라, 사람이 행한 것에 기초를 두고 가짜 확신을 가지게 되었습니다.

마찬가지로, 자기들이 어떤 행동을 하지 않았다는 것을 기초로 하여 하나님과 올바른 관계에 있다고 생각하는 사람들도 있습니다. 누가복음 18:11-12에 언급된 바리새인은 자기가 다른 사람들과는 달리 토색, 불의, 간음을 행하지 않았다는 것을 기초로 하여 하나님 앞에서 당당한 태도를 취합니다. 대부분의 사람들은 히틀러 같은 사람이나 살인마가 왜 하늘나라에 들어가서는 안 되는지는 이해하지만, 자기가 그처럼 유명한 악당이 아니라면(아무도 자기가 그렇다고는 생각하지 않습니다) 하나님께서 왜 자기들 앞에서 영원한 생명으로 들어가는 문을 닫으시는지는 이해하지 못합니다. 자기가 아주 선하기 때문에 확신을 가지는 사람이 있는가 하면, 자기가 그리 나쁜 사람이 아니라는 것 때문에 확신을 가지고 있는 사람도 있습니다.

나중에 살펴보겠지만, 확신을 가지려면 우리 삶에 그리스도를 닮은 모습이 있는지를 살펴보아야 합니다. 그러나 확신을 갖기 위하여 그리스도인이 맨 먼저 의지해야 할 것은 바로 성경입니다. 우리의 확신은 자신이나 자신의 생각이 아니라 하나님과 그분의 말씀에 근거해야 합니다. 그리스도와 구원에 관한 메시지는 성경에 있습니다. 그 메시지가 우리가 그리스도를 알고 있으며 성경에서 계시된 구원을 가지고 있다는 확신의 기본적 근거가 되어야 하는 것입니다.

예수님께서 가짜 구원의 확신을 가진 사람들을 만나신 경우를 살펴보면, 가짜 구원의 확신은 교만을 낳는다는 것을 알 수 있습니다. 바리새인들은 자기들이 의롭다는 교만한 생각을 하며 살았습니다. 그들의 영적인 자만은 그들이 이미 하나님의 은혜를 입었다는 자기 나름의 믿음에 의해서 생겼습니다. 우리 시대에도 동일하게 그릇된 확신을 가진 사람들이 착각 가운데 빠져 교만한 태도를 보이는 것을 볼 수 있습니다. 이단의 지도자인 데이비드 코레쉬는 천국에서의 자기의 위치에 대하여 너무나도 자고한 태도를 보였습니다. 그는 때때로 자기의 편지에 "여호와 코레쉬"라고 서명함으로써 구약성경에서 사용된 하나님의 성호를 자기 것으로 사용하였습니다. 그러나 많은 사람들은 바리새인이나 코레쉬를 비난하면서도 자신들도 마찬가지로 주제넘은 선입견 속에서 살고 있습니다. 그들은 자기들의 생각 외에 다른 영적 가르침을 받을 필요가 없다고 믿고 있습니다. 어떤 사람들은 자기들의 영적 상태에 대하여 너무나 확신한 나머지, 그릇된 확신을 가지고 있거나 스스로 속고 있을 가능성이 있다는 것을 인정하지 않으려고 합니다.

만약 당신이 진정한 확신을 가지고 있다면, 그 결과는 전혀 다릅니다. 당신의 마음과 삶이 하나님에 의하여 변화되었다는 사실과 오직 하나님께서 하신 일에 의해 당신이 하늘나라에 들어가게 되었다는 사실을 앎으로써 확신이 생겼다면, 당신의 태도는 다를 것입니다. 자기들이 '한' 행동이나 혹은 '하지 않은' 행동에 기초하여 그릇된 확신을 가진 사람들과는 달리 교만하지 않을 것입니다.

성경은 우리에게 그리스도를 알고 하나님과 올바른 관계에 있다는 것을 확실히 알도록 촉구하지만, 가짜 확신을 갖는 것에 대해서도 경고합니다. 따라서 구원의 확신을 갖는 것은 중요하지만, 왜 구원을 확신하고 있는지를 아는 것도 중요합니다.

추가 적용

당신은 구원을 확신하는 것이 가능하다고 믿습니까?
구원의 확신을 얻는 첫 단계는 구원의 확신을 가질 수 있다는 것을 믿는 것입니다. 그리스도인이 되어도 진정으로 하나님의 자녀라고 확신하는 것은 불가능하다고 가르치는 교회에 속해 있을 수도 있습니다. 이 문제에서 당신의 전환점이 될 수 있는 곳은 요한일서 5:13입니다. 다시 읽어 보십시오. "너희로 하여금 너희에게 영생이 있음을 알게 하려 함이라"고 쉽고 분명하게 말하고 있습니다. 당신은 이를 믿습니까?

혹은 당신은 개인적으로 구원을 확신할 수 있다고 믿을 필요가 있을지도 모릅니다. 당신은 하나님께서 사람들을 구원하시고는 몇몇 사람에게만 확신을 주시는 것이 아니라, 바로 당신에게도 확신을 주신다는 사실을 믿습니까? 지금 당장은 확신이 없더라도 하나님께서 당신을 받아 주셨다는 확신을 갖는 것이 가능하다고 믿습니까?

당신은 구원의 확신이 중요하다고 믿습니까?

당신은 구원을 확신할 수 있다고는 믿을지 모릅니다. 그러나 이것이 당신에게 중요한 것이라고 생각합니까? 이것이 다른 무엇보다도 중요한 문제라고 생각하십니까? 당신은 "나는 견고한 구원의 확신이 필요해"라고 생각합니까? 아니면 견고한 확신이 없어도 그냥 만족할 수 있겠습니까? 불신자들과는 달리, 그리스도를 아는 사람들은 그리스도를 알고 있다는 확신을 갖는 것이 가벼운 문제가 아니라는 것을 알고 있습니다.

당신은 구원의 확신을 추구해야 한다고 믿습니까?

만약 당신이 구원을 확신하는 것이 가능하며 중요한 일이라고 믿는다면 이를 추구해야 합니다! 당신이 파산의 위기에 처해 있을 때, 변호사가 당신을 불러 당신이 예기치 않은 많은 유산을 받게 될지도 모른다는 말을 했다고 생각해 봅시다. 당신은 과연 당신이 유산을 받을 수 있는지 알기 위해 모든 노력을 다할 것입니다. 그토록 어려운 때에 그러한 놀라운 가능성이 주어졌음에도 알아보려고 하지 않는다면 바보나 다름이 없을 것입니다. 확신이 가능하며 중요하다는 것을 진정으로 이해한다면 이를 추구할 것입니다.

19세기의 유명한 영국의 설교자 찰스 스펄전은 한 설교에서 이 점을 강조했습니다.

> 자기가 진정으로 거듭났는지를 의심하는 사람은 이해할 수 있습니다. 그러나 가만히 앉아서 그 의문이 저절로 풀릴 때까지 태평스럽게 기다리는 무관심한 태도를 보이는 것은 이해할 수 없습니다.… 이를 알지 못하는데 어찌 눈을 붙일 수 있겠습니까? 자신이 그리스도 안에 있는지 없는지 잘 모르겠습니까? 하나님과 화목되지 않아서 이미 정죄를 받았는지도 모릅니다. 아니면 지옥에 들어가기 직전에 있는지도 모릅니다. 숨이 넘어가거나 심장이 멎기만 하면 지옥으로 가는 그런 상황에 있는지도. 숨이 끊어지고 심장이 멈추는 순간 그와 더불어 여러분의 인생은 마감됩니다. 여러분의 생애는 끝납니다. 오늘밤이 바로 그 순간일지도 모릅니다.… 여러분에게 간청합니다. 여러분에게 호소합니다. 이런 모호한 상태에서 벗어나라고 말입니다. 이 시간 주님께서 여러분의 영혼에게 "나는 너의 구원이라"고 말씀하여 달라고 기도하십시오. 주님께서는 그렇게 하실 수 있으시며, 주님께서는 기꺼이 그렇게 하십니다.… 주님께 간절히 구하면, 주님께서 여러분에게 구원의 확신을 주실 것입니다.

어느 날 당신은 오스트리아 호의 여섯 명의 사람들처럼 죽음 앞에 설 것입니다. 당신 차례가 되어 영원으로 뛰어들었을 때 어디에 도착하겠습니까? 당신은 하늘나라에 상륙할 확신이 있습니까? 하나님께서는 모든 자녀들이 그러한 확신을 가지기를 원하십니다. 당신은 이를 추구할 마음이 있습니까?

제 2 장

구원에 대한 의심들

> 하나님과 그리스도와 우리 자신과 성경에 대한
> 우리의 지식은… 이 세상에서는 불완전합니다.
> 하물며 우리의 확신이 어떻게 완전할 수 있겠습니까?
> – 토머스 브룩스

찰스 스펄전은 영국 침례교회의 목사로서 19세였던 1854년에 런던에서 사역을 시작했습니다. 그는 57세로 죽을 때까지 한 교회에서 목회를 하였습니다. 그는 대단한 목회자였습니다. 현대의 대형 교회가 생기기 전이었는데도 매 예배마다 6,000명의 사람들이 몰려들어 그의 설교를 들었습니다. 아무리 큰 건물도 그의 설교를 듣고자 하는 사람들을 다 수용할 수는 없을 것 같았습니다. 27세 때 그는 크리스탈 궁에서 23,654명에게 확성기도 없이 설교를 하였습니다. 때로 그는 자기 교회 사람들에게 다음 주일 예배에는 참석하지 말아 달라고 부탁하였습니다. 새로 오는 사람들에게 자리를 마련해 주기 위함이었습니다. 1879년에는 모든 교회 사람이 자리를 내주어 새로 온 사람들이 앉을 수 있도록 했으나 그래도 자리가 모자란 적이 있었습니다.

스펄전의 설교는 신문에도 실렸고, 따로 인쇄되기도 했습니다. 설교가 인쇄된 것은 매주 25,000부가 팔렸습니다. 그의 설교를 모은 설교집은 63권의 두꺼운 책으로 이루어져 있습니다. 기독교 역사상 한 사람의 저작으로는 가장 방대한 양입니다. 크리스천 히스토리 지는 "스펄전은 성경을 제외하고는 가장 많이 읽히는 인쇄물의 저자이다. 오늘날 다른 어떤 기독교 저자보다도 스펄전의 글이 가장 많이 출판되고 있다"라고 단언하고 있습니다. 복음적인 목회자들을 대상으로 성경 시대 이래로 가장 위대한 설교자가 누구인지 물어본다면 아마도 찰스 스펄전이 뽑힐 것입니다.

그리스도인도 때로 자기의 구원에 대하여 의심을 가질 수 있으며, 이는 정상이다

수십 년 동안 수많은 사람들에게 독보적인 영향을 준 이 하나님의 사람 스펄전은 자기가 구원받은 그리스도인이라는 사실에 대하여 전혀 의심하지 않았을 것처럼 보입니다. 그러나 스펄전은 자서전에서 그러한 의심에 대해 다루고 있습니다. "나는 그때 매우 지치고 슬펐으며, 마음이 무거웠습니다. 다른 사람에게 설교하고 있는 것들을 내 자신이 진정으로 누리고 있는지 의심이 들었습니다." 막강한 영향력을 주고 있음에도 자신이 하나님 나라에 들어가지 못하는 사람이 아닌가 하는 생각이 들었던 것입니다. "복음의 잔치에 초대받은 손님이 아니라 단지 시중드는 종일지도 모른다는 생각이 들자 무시무시한 느낌이 들었습니다."

스펄전이 때때로 자신의 구원을 의심했다면, 그보다 은사를 덜 받은 것 같은 사람들이 의심으로 인하여 갈등하는 것을 이상하게 생각해서는 안 될 것입니다. 나도 의심이 들 때가 있습니다. 유명하건 유명하지 않건, 자기의 믿음에 대하여 한 번도 의심을 던져 보지 않은 사람을 만나기가 힘들었습니다. 스펄전은 "내가 알고 있는 한

두 사람을 제외하곤 그리스도에 대한 그들의 믿음에 대하여 의심을 해보지 않은 사람은 없었습니다"라고 말했습니다. 그리스도인인지에 대하여 의심을 할 때가 있다고 해서 당신이 비정상적인 그리스도인은 아닙니다.

이전 장에서 말한 바와 같이, 요한일서의 기록 목적은 확신을 주기 위함입니다(요한일서 5:13 참조). 이 서신은 사도 요한이 그리스도인이라고 믿고 있는 사람들에게 보낸 것이고, 또한 그들에게 영생이 있음을 확신시키기 위해 기록되었으므로, 진정으로 거듭나고서도 구원의 확신은 없을 수 있다는 것을 암시하고 있습니다. 따라서 진정한 그리스도인도 간혹 자기의 구원에 대하여 의심할 수가 있습니다.

구원을 의심하는 것은 불신이 아니다

의심과 불신은 다르다는 것을 기억하십시오. 구원에 대해서나 하나님과의 관계에 대해서 한 번도 의심해 본 적이 없는 그리스도인이 있다고 해봅시다. 이제 기독교에 대해 비판적인 사람이 성경의 모순이라고 생각하는 것을 가지고 그에게 반론을 제기합니다. "이 면에서 성경에 모순이 있는데, 성경에서 하늘나라나 영생에 대하여 말하는 것을 어찌 사실로 받아들일 수 있겠습니까?" 이 질문을 받은 그 그리스도인은 대답할 준비가 전혀 되어 있지 않을 것입니다. 어떻게 대답해야 할지 생각하면서, 순간이나마 그는 그 비판이 옳을지도 모르며 그렇게 되면 어떤 결과가 나올까 생각해 볼지도 모릅니다. 이 때 그의 머리에 스치는 약간의 의심은 그 비판자의 불신과는 전혀 다릅니다. (그 그리스도인이 비록 이 질문을 잠시나마 따져 볼지라도 그는 여전히 자기가 성경적으로 그리스도를 올바르게 믿고 있다고 확신할 것입니다. 그럼에도 성경의 어떤 부분이 완전히 이해되지는 않을 수도 있습니다.)

불신은 어떤 일을 분명히 부정하며, 애매한 입장을 취하지 않습니다. 그러나 의심은 말 그대로 자기의 입장에 대해 확신이 없는 것입니다. 의심은 두 가지 방향으로 기울 수 있습니다. 회의적인 방향으로 흘러가서 믿음에서 떠나 불신으로 갈 수도 있으며, 혹은 믿음으로 향하기는 하지만 뭔가 부족한 상태에 놓일 수도 있습니다. 여기에서 부족한 것은 대개 어떤 진리에 대한 명확한 이해입니다. 그 진리의 조각들을 점점 접해 감에 따라 그들은 전심으로 이를 받아들이게 됩니다.

나는 본서의 독자들이 진리로 향하며 적극적으로 믿으려는 태도를 가지고 있다는 가정 아래서 본서를 쓰고 있습니다. 사실 이러한 사람들은 자신이 그리스도를 확실히 믿고 있다는 확신을 얻고 싶어 본문을 자세히 읽을 것입니다. 많은 사람들이 이 책을 통해서 구원과 확신에 관한 진리를 좀더 명확하게 이해할 수 있게 되기를 기대합니다.

의심의 원인은 다양하다

비록 진정한 그리스도인도 때때로 자기의 구원에 대하여 의심을 할 때가 있기는 하지만, 모든 그리스도인이 동일한 이유로 의심하는 것은 아닙니다. 회개하지 않은 죄 때문일 수도 있습니다. 죄는 성령을 근심하게 만드는데, 구원의 확신을 갖게 하시는 분은 성령이시므로 성령을 근심하게 하면 일시적으로 확신이 사라질지 모릅니다. 어떤 때는 영적 게으름이 원인일 수도 있습니다. 사탄이 우리를 참소하여 마음에 의심을 심을 때도 있습니다. 어려운 환경이나 고난으로 말미암아 하나님과의 관계에 대하여 의심할 때도 있습니다. 단순히 육체적 감정적 상태 때문에 확신을 잃을 때도 있습니다. 느낌이나 보이는 것이 아니라 믿음으로 행하는 것을 가르치기 원하셔서, 하나님께서는 의도적으로 우리에게서 하나님께서 함께하신다는 느낌을 거두실 때도 있습니다. 이는 우리의 죄로 말미암은 것이 아닌데도, 우리는 확신을 잃을 수 있습니다.

영적 미성숙으로 인해 확신하지 못하고 의심할 수 있다

나의 목회 경험으로 보건대, 그리스도를 믿은 지 얼마 되지 않은 사람들이 구원에 대하여 의심을 하는 경우가 많습니다. 성숙한 사람보다는 하나님과 성경에 대한 지식이 부족하기 때문일 것입니다. 성경에 대한 이해가 자라 가면 확신도 자라 갑니다. 하나님께서 그리스도를 통해 당신을 위해 하신 일을 깨달아 갈수록, 당신이 하나님 앞에서 어떤 신분을 지니게 되었는지를 더욱 잘 알게 될 것입니다. 하나님께서 당신 안에서 그리고 당신을 통해 역사하시는 것을 볼수록 당신을 구원하신 하나님의 은혜를 더욱 확신하게 됩니다.

죄에 대한 민감한 태도 때문에 확신이 흔들릴 수 있다

새신자들은 죄에 대하여 전과는 달리 민감한 태도를 갖게 되는데, 이에 대한 오해로 말미암아 자신의 구원을 의심할 수 있습니다. 그들은 의와 죄에 대하여 새로운 시야를 갖게 되었습니다. 성경에는 "이 세상 신이 믿지 아니하는 자들의 마음을 혼미케 하여"(고린도후서 4:4)라고 기록되어 있습니다. 마음이 혼미했던 이전과는 달리 새신자들은 하나님에 관한 것들을 새롭게 알게 될 뿐 아니라, 죄에 대해서도 더욱 선명하게 깨닫게 됩니다. 전에는 깨닫지 못하던 죄도 이제는 새로이 깨닫습니다. 구원받기 전에는 자기들의 삶에 몇 가지 죄가 있다는 것을 인정했겠지만, 구원받은 후에 새로운 눈으로 보니 이제는 죄가 도처에서 발견되는 것 같습니다.

왜 이런 일이 일어나는지를 알지 못하면, 새신자는 자기가 그리스도인이 아니라고 생각할지도 모릅니다. 처음에는 새롭고, 용서받고, 정결케 되었다고 생각하다가, 이제는 자기의 삶에 죄가 만연해 있다고 생각하게 됩니다.

당신도 그런 생각이 듭니까? 그렇다면, 낙심하지 마십시오. 죄에 대하여 새로이 그렇게 민감한 반응을 보이는 것은 바로 당신이 그리스도인이 되었다는 좋은 증거가 되기 때문입니다. 성령께서 당신 안에서 역사하고 계시지 않는다면 전혀 생각할 수도 없는 일입니다. 믿기 전에는 왜 죄에 대하여 그렇게 민감하지 못했습니까? 이는 바로 죄에 민감하도록 하시는 분이 당신 안에 계시지 않았기 때문입니다(고린도전서 2:14 참조). 성령께서 내주(內住)하시면 우리 안에 있는 거룩하지 않은 것에 대하여 민감한 반응을 보이게 됩니다. 그가 들어오시기 전에는 대부분의 죄를 깨닫지 못했었습니다.

다른 그리스도인과 비교하면 확신이 흐려질 수 있다
새신자들은 다른 성숙한 그리스도인들과 비교함으로써 자신의 구원을 의심할 수 있습니다. 우리 집 뒷곁에 있는 사과나무는 우리가 이 집으로 이사온 첫 해부터 열매를 맺기 시작했지만, 그 다음해부터 맺은 열매에 비하면 얼마 되지 않았습니다. 오래 자란 나무보다는 새로 열매를 맺기 시작한 나무가 열매를 적게 맺듯이, 새신자들은 오래 믿음의 삶을 살았고 더 깊이 뿌리를 내린 그리스도인들에 비하면 자기 삶에서 보이는 새생명의 증거가 적을 수 있다는 것을 알아야 합니다.

이때 도움이 되는 것은 당신이 얼마나 성장해 왔는지를 살펴보는 것입니다. 그리스도에 대한 믿음을 갖기 전에 당신의 삶은 어떠했습니까? 그리스도께서 당신의 삶을 변화시켜 오셨다는 성경적인 증거들이 있다면, 성숙한 다른 사람들에게서 보이는 더 많은 증거들로 인하여 확신을 잃지 마십시오.

어린 시절에 믿은 사람은 나중에 구원을 의심할 수 있다

새신자가 아니라도 의심에 쉽게 빠져들 수 있는 사람들이 있습니다. 어린 시절에 믿음을 가진 사람은 나이가 든 후에 자기의 믿음에 대하여 의심하기가 쉬운 것을 보았습니다.

나중에 이에 대하여 더욱 자세하게 다루겠지만, 나의 경우처럼 어린 시절에 믿음을 가진 사람은 그리스도로 말미암은 자신의 변화에 대해 아는 것이 별로 없기 때문에 의심을 하게 됩니다. 어른이 되어서 믿은 사람들과는 달리 극적인 변화를 경험하지 못했을 가능성이 큽니다. 그리스도를 믿는 삶이 당신이 경험한 삶의 전부라면, 당신은 그 삶이 진정한 그리스도인의 삶인지 의문을 가질 수가 있습니다.

물론, 때때로 이런 의아심을 갖는 것은 정상적입니다. 그것은 영적으로 건강하다는 증거입니다. 불신자들은 그런 일에 관심조차 두지 않지만, 믿는 자들은 힘써 "부르심과 택하심"을 굳게 하려고 하기 때문입니다(베드로후서 1:10). 불신자의 마음은 무감각합니다. 이러한 일에 예민하지 않습니다. 그들은 대개 그릇된 것을 토대로 안정을 누리고자 할 뿐, 자신들의 영혼의 상태에 대해서는 관심이 없습니다. 반면 진정한 그리스도인은 "제가 혹시 자신을 속이고 있지는 않습니까? 주님, 제가 그렇게 하지 않도록 도와주십시오. 제가 구원받았다고 잘못 생각하고 있다면, 이를 알고 싶습니다. 제가 전혀 회개하지도 않았고 믿지도 않았다면 이를 깨닫게 하여 주십시오"라고 기도합니다. 당신의 마음에 이러한 종류의 의심과 소원이 있습니까? 그렇다면 당신은 소망이 있습니다. 힘을 내십시오.

추가 적용

구원에 대하여 만성적인 의심을 하는 것은 정상이 아니다
진정한 그리스도인도 자기의 구원에 대하여 때때로 의심을 할 때가 있지만, 구원에 대하여 만성적인 의심을 하는 것은 문제가 됩니다. 어쩌다 생기는 의심은 혹 그것이 끔찍한 의심이라도 괜찮지만, 성경의 모든 처방을 알고도 여전히 따라다니는 의심은 유의해 보아야 합니다.

얼마나 오래 혹은 얼마나 강하게 의심이 들어야 문제가 되는지에 대하여 명확하게 표준을 제시할 사람은 없습니다. 의심의 길이나 두께를 잴 수는 없기 때문입니다. 그러나 요지부동의 의심은 올바른 신앙의 한 부분이 될 수 없습니다. 그러한 심각한 의심은 분명하게 다루어야 합니다. 계속되는 의심은 과거의 경험이나 고백에 상관 없이 구원이 없다는 증거일 수 있기 때문입니다.

구원에 대한 모든 의심을 진지하게 다루는 것은 중요하다
심판과 영원, 천국과 지옥만큼 심각한 주제는 없습니다. 이에 대하여 모호한 가운데 있는 것보다 더 위험한 것은 없습니다. 구원에 대하여 의심하고 있다면 이는 반드시 다루어야 합니다.

확신의 문제와 그 원인을 제대로 다루기 전에는 기쁨도 없을 것이며, 영적으로 불행한 상태에 머무를 것입니다. 영적으로 무기력할 것이며, 예수 그리스도께서 사람을 구원하실 때 행하시는 바를 다른 사람들에게 나타내 보이지도 못할 것입니다. 때로 자신의 구원을 의심하는 것은 정상적인 것입니다. 그러나 더 좋은 것은 그 의심을 적극적으로 다루어 의심에서 벗어나는 것입니다.

가끔 구원에 대해 의심하는 것은 해결할 수 있다

그리스도인이라고 의심의 공격에서 완전히 면제되지는 않습니다. 하나님의 말씀과 성령의 능력을 가졌기 때문에 모든 그리스도인들은 의심이라는 "견고한 진"을 파할 수 있는 강력한 무기를 가지고 있습니다(고린도후서 10:4).

당신의 손에 있는 그 강력한 무기는 바로 스펄전이 사용했던 것과 동일한 것입니다. 확신이 별로 없었던 시기에 그는 어느 주일날 영국의 한 시골 교회 예배에 참석했습니다. 그날 예배를 인도한 사람은 목사가 아니라 공학기사였습니다. 그는 성경을 읽고, 기도한 후에, 말씀을 전하기 시작했습니다. 그런데 어떤 사람이 방문했는지도 모른 채, 그는 자기 자신이 준비한 메시지가 아니라, 스펄전의 설교 중의 하나를 가지고 설교를 하는 것이었습니다! 그럼에도 스펄전은 나중에 다음과 같이 기록했습니다. "눈물이 쏟아졌습니다. 그 설교의 한 문장 한 문장에 깊은 감동을 받았습니다. 모든 문제가 사라지는 것을 느꼈습니다. 복음이 내게 너무도 귀하고, 또한 내 마음에 너무나 큰 영향을 주었기 때문이었습니다."

나중에 스펄전이 자기를 소개하자 그 사람은 당황하며 말했습니다. "오늘 아침에 제가 전한 말씀은 당신의 설교 중의 하나였습니다!"

그러자 그 위대한 설교자는 다음과 같이 대답했습니다. "알고 있습니다. 그러나 그것은 바로 내가 들어야 했던 설교였습니다. 그것을 들을 때 나는 내가 전했던 하나님의 말씀을 진정으로 누릴 수 있다는 것을 알았기 때문입니다." 우리의 확신의 기초는 성경 말씀과 성령입니다. 하나님께서는 이 성경 말씀과 성령을 통해 우리의 확신을 견고케 하시며 부요케 하십니다.

제 3 장

확신의 기초

> 하나님의 사랑에 대하여 가장 깊이 확신하고 있는 사람은 바로 그 사랑이 기록된 것을 가장 많이 묵상한 사람입니다.
> – J. W. 알렉산더

우리 교회 청년인 짐은 이웃에 사는 사람과 얘기를 하다가 대화가 영적인 주제로 옮아가게 되었습니다. "당신이 죽어서 하나님께 갔을 때, 하나님께서 무엇을 근거로 당신을 하늘나라에 들여보내야 할지 물어 보시면, 당신은 무엇이라고 말씀드리겠습니까?"라고 짐은 직접적인 질문을 했습니다.

그 이웃 사람은 머뭇거렸습니다. 대부분의 미국 사람들이 그러하듯이, 그도 자신이 장차 하늘나라의 시민이 될 것이라고 생각하고 있었습니다. 그러나 그때까지도 그는 자신이 자동적으로 하늘나라에 들어갈 것으로 생각하고 있었던 것이 틀림없었습니다. 짐이 말한 것과 같은 상황은 한 번도 생각해 본 적이 없었던 것 같았습니다. 마침내 더듬거리며 대답을 하기 시작했습니다. "그것은 내가…"라는 말로 시작되었습니다. 대답을 다 기록하지 않아도 나는 여러분에게 그의 대답이 성경적이 아니라고 말할 수 있습니다. 이러한 대답은 심판 날 무섭고도 끔찍한 결과를 가져올 대답이며, 헤아릴 수도 없을 사람들을 영원히 괴롭힐 대답입니다.

이 질문에 대한 대부분의 사람들의 대답은 "그것은 내가…"라는 말로 시작합니다. 그리고는 "선하게 살았기 때문에," "그리스도를 영접하는 기도를 했기 때문에," "교회에 출석했기 때문에," "세례를 받았기 때문에," "십계명을 지키려고 노력했기 때문에," "황금률을 따라 살았기 때문에," "신비한 경험을 했기 때문에," "다른 사람을 도왔기 때문에" 등과 같은 말로 이어집니다.

당신은 이 질문에 어떻게 대답하시겠습니까? 당신의 대답은 "그것은 내가…"라는 식으로 시작합니까? 그렇다면 당신의 확신은 모래 위에 세워진 것일 가능성이 있습니다. 그 문장이 어떻게 끝이 나든지, "그것은 내가…"라고 시작하는 대답은 모두 같은 성질의 대답입니다. 모두 동일한 것에 토대를 둔 것인데, 그것을 의지하면 결국에는 하나님 앞에 설 때 지옥으로 떨어질 수밖에 없습니다.

우리는 반드시 올바른 곳에서 확신의 근거를 찾아야 합니다.

먼저, 우리가 하나님과 하나님께 속한 것에 대해 알 수 있는 곳은 어디입니까? 우리는 어떻게 하나님과 구원과 영생에 대하여 알게 됩니까? 무엇이 그리스도와 그분의 생애와 죽음과 부활에 대하여 말해 줍니까? 하늘나라와 그곳에 들어가는 법에 대한 정보는 어디서 얻습니까? 우리는 이러한 모든 것들을 오직 성경을 통해 알게 됩니다. 그러면, 우리는 어디서 확신을 찾아야 합니까? 바로 하나님의 말씀인 성경에서입니다.

구원의 확신은 기본적으로 하나님의 성품과 예수 그리스도께서 하신 일과 하나님의 약속에 기초한다

하늘나라에 갈 수 있다는 우리의 확신은 "그것은 내가…"라는 말보다는 "그것은 하나님께서…"라는 말로 시작되는 것에 기초를 두어야 합니다.

구원의 확신은 하나님의 성품에 기초한다

하나님께서 완전하고 선하시기 때문에 그리스도를 믿는 사람은 구원을 확신할 수 있습니다.

사도 바울은 디모데후서 1:12에서 자기의 구원의 확신에 대하여 분명하게 말하고 있습니다. 그가 어디에 확신의 근거를 두고 있는지를 주의 깊게 살펴보십시오. "…나의 의뢰한 자를 내가 알고, 또한 나의 의탁한 것을 그날까지 저가 능히 지키실 줄을 확신함이라." 그는 자기의 행위를 의지하지 않았습니다. 오히려 그가 믿어 왔던 분을 의지하였습니다. 그의 확신은 하나님의 성품에 기초를 두고 있었습니다. 그는 하나님께서 선하실 뿐만 아니라 심판 날까지 능히 자신의 구원을 지켜 주실 것을 확신하였습니다.

하나님은 완전하십니다. 회개하지 않는 사람에게는 완전한 진노를 보이시지만, 죄에서 돌이켜 하나님께로 향하는 사람에게는 완전한 사랑을 보이십니다. 하나님은 완전한 재판장이십니다. 또한 완전한 긍휼을 보이시는 분입니다. 완전하게 긍휼하신 분이 그분을 찾는 사람을 하나라도 - 당신까지 포함해서 - 거부하실 수 있겠습니까? 당신을 몰인정하게 무시하고도 어떻게 완전히 긍휼하실 수 있겠습니까? "내게 오는 자는 내가 결코 내어 쫓지 아니하리라"(요한복음 6:37)고 하신 예수님께서 어떻게 당신에게 퇴짜를 놓으실 수 있겠습니까? 예수님께서는 자기에게 오는 모든 자에게 긍휼을 베푸셨고, 또한 진지하게 주님을 찾는 자를 거절하지 않으셨습니다. 그러므로 당신이 성령을 달라고 기도했다면 온유하고 긍휼이 풍성하신 하나님 아버지께서 이를 거절치 않으셨으리라 확신할 수 있습니다.

더불어, 하나님의 절대 신뢰할 수 있는 성품 때문에 당신과 하나님과의 관계가 일시적인 것이 아니라는 것을 확신할 수 있습니다. 바울은 이를 빌립보서 1:6에서 분명히 하고 있습니다. "너희 속에 착한 일을 시작하신 이가 그리스도 예수의 날까지 이루실 줄을 우리가 확신하노라." 완전하신 사랑과 변함없는 긍휼을 가지신 하나님께서 오늘 당신을 맞아들였다가 내일은 내쫓으시는 일을 결코 하실 수 없습니다. "그리스도 예수의 날까지 이루실" 능력이나 마음도 없이 당신을 그리스도의 형상으로 빚어 나가는 "선한 일"을 시작하실 리가 없습니다. (하나님께서 꾸준히 자기 백성의 믿음을 보호하고 보존해 주신다는 사실을 다음 구절에서 찾아보십시오. 요한복음 3:16, 5:24, 6:35-40, 10:27-30, 로마서 8:29-30, 35, 38-39, 고린도전서 1:8-9, 데살로니가전서 5:23-24, 히브리서 10:14, 유다서 1, 24.)

구원의 확신은 예수님께서 하신 일에 기초를 둔다

우리는 또한 하나님께서 그리스도 예수 안에서 하신 일을 기초로 하여 우리의 구원을 확신할 수 있습니다.

예수님께서는 죽음을 통하여 단지 우리에게 구원의 가능성만을 보여 주신 것이 아닙니다. 하나님께서는 예수 그리스도를 믿는 사람들을 실제로 구원하셨습니다. "그가 우리를 흑암의 권세에서 건져 내사 그의 사랑의 아들의 나라로 옮기셨으니, 그 아들 안에서 우리가 구속 곧 죄사함을 얻었도다"(골로새서 1:13-14). 하나님께서 예수 그리스도의 십자가에서 우리를 위해 행하신 일을 인정할 때 확신은 피어납니다.

하나님께서는 사랑하시는 아들을 십자가에서 구해 내지 않으셨습니다. 이는 예수님의 죽음을 통하여 우리를 구해 내고 계셨기 때문입니다. 예수님께서 십자가에 못박히시고 예루살렘에 어두움이 깔려 있을 때 하나님께서는 우리를 하나님의 빛의 나라로 옮기고 계셨습니다. 예수님께서 피를 흘리실 때에, 하나님께서는 죄의 형벌에서 우리를 구하시기 위하여 치러야 할 값을 지불하고 계셨습니다. 그리스도의 죽음으로 말미암아 우리 죄의 용서는 하나님 아버지께 기정 사실화되었습니다. 만약 당신이 "그의 사랑의 아들"을 믿고 있다면, 확신의 문제는 이미 해결되었습니다. 하나님께서 그리스도께서 하신 일을 통하여 당신을 위해 이미 완벽하게 이루어 놓으신 일 때문입니다.

하나님께서는 목적을 가지고 예수님을 세상에 보내신 것을 기억하십시오. 아버지 하나님의 계획과 열망에 따라 예수님께서는 하늘의 보좌를 버리시고 베들레헴의 마구간으로 내려오셨습니다. 그러나 예수님께서는 왕으로서 행차하신 것이 아니라 임무를 수행하기 위해 오셨습니다. "…그가 자기 백성을 저희 죄에서 구원할 자이심이라 하니라"(마태복음 1:21).

지금 당신에게 중요한 질문은 바로 "예수님께서는 그분의 임무를 완수하셨는가?" 하는 것입니다. 이 질문을 다시 한번 읽으십시오. 이 질문에 "아니오"라고 대답한다면, 지금까지 살았던 모든 사람을 지옥으로 보내는 것이 될 것입니다. 만약 예수님께서 "자기 백성을 저희 죄에서 구원"하시지 못했다면, 구원이라는 것은 있지도 않을 것입니다. 그러나, 그리스도께서 자기 백성을 저희 죄에서 실제로 구원하셨다고 믿는 것이 아니라, 단지 구원에 대한 가능성을 제시하셨다고 말한다면, 이것은 그리스도께서 오신 목적을 성취하지 못하셨다는 의미가 될 것입니다.

바울은 디모데전서 1:15에서 "그리스도 예수께서 죄인을 구원하시려고 세상에 임하셨다"고 선언합니다. 실제로 예수님께서는 사람들을 구원하셨습니다! 임무는 완수되었습니다! 예수님께서 완전히 성취하셨기 때문에 "그러므로 이제 그리스도 예수 안에 있는 자에게는 결코 정죄함이 없습니다"(로마서 8:1). 그리고 그분의 모든 백성들은 구원을 확신할 수 있습니다.

하나님께서 예수님의 죽음 때문에 우리의 죄를 용서하시고 영원한 생명을 주신다는 것을 믿을 때, 우리는 예수님께서 성취하신 구원을 경험하기 시작합니다. 예수님과 그분의 하신 일을 믿는다는 것은 머리와 마음으로 그리고 삶 전체로 믿는 것을 의미합니다. 어느 누구도 그리스도에 대한 메시지를 듣지 않고서는 믿음을 가질 수 없습니다(로마서 10:14). 따라서 예수님께서 죄인들을 위하여 죽으시고 부활하셨다는 성경의 메시지를 듣고 이를 사실로 받아들일 때 믿음이 시작됩니다. 따라서 단지 "하나님의 존재"를 믿고 "영적 체험"을 했다는 사람은 그리스도인이 아닙니다. 오직 **그리스도**에 대하여 듣고 그리스도를 믿을 때에만 그리스도에 의하여 구원을 받게 됩니다.

그러나, 진정한 그리스도인이 아니면서도 성경에 나오는 그리스도에 대한 사실을 인정하는 사람들이 수없이 많습니다. 누가복음에 보면 심지어 귀신들도 예수님을 공공연하게 인정했다는 것을 알 수 있습니다. "'당신은 하나님의 아들이니이다.'…이는 자기를 그리스도인 줄 앎이러라"(누가복음 4:41). 나는 조지 워싱턴이 미국의 초대 대통령이라는 것과 그의 전기에 나오는 모든 사실을 사실로 받아들일 수는 있습니다. 그러나 이는 그를 믿거나 의지하지 않아도 가능한 일입니다.

그리스도를 믿는 믿음에는, 예수님의 삶과 기적을 일으키는 능력에 대하여 머리로 인정하는 것 이상의 무엇이 있습니다. 요한복음 2:23-25에서, 사람들은 예수님의 능력에 대한 것들을 사실로 받아들였습니다. 그들은 예수님에 대하여 보고 들은 것을 모두 사실로 여졌으며, 하나님께로 말미암는다고 인정하였습니다. 그러나 예수님께서는 그들의 마음에 무엇이 있는지를 아셨습니다. 예수님께서는 그들의 믿음이 비록 바람직한 방향으로 나아가고 있기는 하지만 완전하지는 않다는 것을 아셨습니다. 그래서 예수님께서는 "그들에게 의탁하지" 않으셨습니다. 예수님께서는 그들의 구주(救主)가 되지는 않으셨던 것입니다.

그리스도에 대한 진정한 믿음은 머리로만이 아니라 마음으로도 믿는 것을 포함합니다. 마음으로 그리스도를 믿는다는 것은 당신의 죄의 형벌에서 구원을 받고 하나님과 올바른 관계 가운데 거하기 위해 그분을 의지한다는 것을 의미합니다. 이는 또한 당신 자신의 힘으로는 하나님께 용납될 가능성이 전혀 없으며, 오직 그리스도께서 당신을 위하여 해주신 일 때문에 하나님께서 당신을 받아 주신다는 사실을 믿는 것을 의미합니다. 예수 그리스도를 마음으로 믿는다는 것은 구원해 달라고 그분께 기도로 부르짖는 것을 의미합니다(로마서 10:13). 당신이 부르짖는 것은, 단순히 지옥에 가지 않아도 된다는 보장을 받으려는 것이나, 혹은 다른 누군가를 기쁘게 하려는 것이나, 하나님과의 무슨 흥정을 끝내기 위해서가 아니라, 오직 하나님의 용서를 구하고 하나님과의 올바른 관계를 회복하기 원하는 마음 때문이라야 합니다.

우리는 하나님의 은혜를 인하여 오직 그리스도를 믿음으로 말미암아 구원을 얻었습니다(에베소서 2:8-9). 그러나 반쪽짜리 믿음으로는 안 됩니다. "내 형제들아, 만일 사람이 믿음이 있노라 하고 행함이 없으면 무슨 이익이 있으리요? 그 믿음이 능히 자기를 구원하겠느냐?"(야고보서 2:14)라고 야고보는 묻습니다. 예수님께서 말씀하신 "하늘에 계신 내 아버지의 뜻대로 행하는 것"은 구원을 받기 위해 필요한 것은 아닙니다. 그러나 믿은 후에 믿음의 진실성을 증명하는 데에는 꼭 필요합니다. 야고보는 다음과 같이 설명합니다. "이와 같이 행함이 없는 믿음은 그 자체가 죽은 것이라"(야고보서 2:17). 다른 말로 하면, 어떤 사람이 자기가 그리스도를 믿는다고 주장하더라도 그리스도와 하늘에 계신 아버지께 순종하고자 하는 새로운 태도가 없다면, 그는 구원받을 만한 살아 있는 믿음을 가지고 있지는 않은 것입니다. 우리가 어떤 종류의 믿음을 가지고 있는지는 다음과 같이 드러낼 수 있습니다. "나는 행함으로 내 믿음을 네게 보이리라"(야고보서 2:18).

그래서 회개라는 단어가 종종 믿음이라는 단어와 같은 의미로 쓰이는 것입니다(사도행전 2:38, 3:19, 26:20). 마가가 예수님의 메시지를 한마디로 요약할 때 "회개하고 복음을 믿으라!"(마가복음 1:15)라고 한 것도 같은 이유에서입니다. 회개와 믿음은 동전의 양면과 같습니다. 분명히 구별되어야 하지만, 따로 분리되어서는 안 됩니다. 회개는 당신의 마음을 바꾸는 것을 의미합니다. 그리고 그 결과로 삶의 변화가 수반됩니다. 하나님의 성령으로 말미암아 마음이 변화되어 용서와 구세주의 필요성을 인정할 때, 당신은 삶의 방향을 바꾸어 구세주께로 나아갑니다.

"아들을 믿는 자는 영생이 있고"라고 요한복음 3:36에서는 말합니다. 하나님의 아들을 믿으면 당신에게는 영생이 있습니다. 예수님께서 헛되이 죽으신 게 아니라 "다 이루었다"(요한복음 19:30)라고 외치시며 영광스럽게 승리 가운데 죽으셨기 때문에 당신은 이를 확신할 수 있습니다. 예수님의 그 외침은 당신을 포함하여 그분을 믿는 모든 사람을 구원하시는 그분의 일을 완수하셨다는 의미입니다.

더욱이, 그리스도의 피는 우리를 위해 다시 뿌려질 필요가 없습니다. 어떠한 방법으로든 예수님께서 다시 희생 제물로 드려질 필요가 없습니다. 예수님께서 한 번 죽으심으로 우리가 수천 번의 인생을 살아도 이룰 수 없는 것을 이룩하셨기 때문에 우리는 확신할 수 있습니다(히브리서 9:25-28, 베드로전서 3:18). 당신의 죄 값이 영원히 완전히 청산된 것으로 여기시는 하나님으로 인하여 확신을 갖고 즐거워하십시오. 자기 백성들을 위해 예수님께서 하신 일로 인해, 우리가 치러야 하는 모든 죄 값이 다 지불되었기 때문입니다.

구원의 확신은 하나님의 약속이 진리라는 것에 기초를 둔다
하나님의 약속은 진리이기 때문에 믿는 자들은 구원의 확신을 가질 수 있습니다.

우리의 구원은 사람의 말에 기초를 두지 않습니다. 그 사람이 아무리 거룩하다고 할지라도 말입니다. 우리의 확신은 교회에서 듣는 말에 기초를 두어서도 안 됩니다. 우리의 확신은 하나님께서 직접 하신 말씀에 견고히 기초를 두어야 합니다. 신학자이며 종교 개혁가인 존 칼빈은 다음과 같이 말했습니다. "죄인의 마음을 기쁘게 하는 것은 바로 하나님께서 스스로 하신 말씀밖에는 없습니다. 하나님의 약속을 의뢰하지 않고는 이 세상에서 요동치 않는 참 평화를 누릴 길은 전혀 없습니다."

구원에 관한 하나님의 약속들을 살펴보십시오. 하나님의 약속은 언제나 새롭습니다. 그러므로 당신이 이미 익숙하게 알고 있다고 하더라도 마치 처음 읽는 듯이 읽어 보기 바랍니다.

* "하나님이 세상을 이처럼 사랑하사 독생자를 주셨으니, 이는 저를 믿는 자마다 멸망치 않고 영생을 얻게 하려 하심이니라." (요한복음 3:16)
* "내가 진실로 진실로 너희에게 이르노니, 내 말을 듣고 또 나 보내신 이를 믿는 자는 영생을 얻었고, 심판에

이르지 아니하나니, 사망에서 생명으로 옮겼느니라."
(요한복음 5:24)

* "누구든지 주의 이름을 부르는 자는 구원을 얻으리라."
(사도행전 2:21)

* "주 예수를 믿으라. 그리하면 너와 네 집이 구원을 얻으리라." (사도행전 16:31)

이제 왜 하나님께서 이 약속들을 성경에 기록하셔서 당신에게까지 전달되도록 보존하셨는지 생각해 보십시오. 요한은 다음과 같이 말합니다. "오직 이것을 기록함은 너희로 예수께서 하나님의 아들 그리스도이심을 믿게 하려 함이요, 또 너희로 믿고 그 이름을 힘입어 생명을 얻게 하려 함이니라"(요한복음 20:31). 하나님의 말씀에 "예수님께서 하나님의 아들 그리스도"라고 기록된 것을 그대로 믿으십니까? 그렇다면, 바로 이 순간 당신은 "그 이름을 힘입어 생명을 얻었다"고 확신할 수 있습니다.

이것이 바로 하나님께서 의도하신 바입니다. 하나님께서는 우리로 하여금 그분의 보배롭고 지극히 큰 약속을 통하여, 우리가 하나님과 영원한 관계를 누릴 수 있음을 확신하게 하셨습니다. 사도 베드로는 다음과 같이 기록했습니다. "그 보배롭고 지극히 큰 약속을 우리에게 주사…신의 성품에 참예하는 자가 되게 하려 하셨으니" (베드로후서 1:4). 당신이 하나님의 약속을 믿는다면 당신의 구원은 지금부터 영원까지 명확한 것입니다. 이는 하나님의 약속은 진리이며, 하나님께서는 약속을 지키시기 때문입니다.

하나님께서는 우리를 받아들이신다는 것을 약속을 통하여 보증하여 주십니다. 하나님께서는 이 보증의 말씀을 기록하여 주심으로써 분명하고 오해가 없게 하셨습니다. 하나님께서 이를 기록하신 또 다른 이유는 모든 시대 모든 장소에서 모든 믿는 자들이 확신에 대해 동일한 접근 방법을 갖도록 하기 위해서입니다. 비록 나와 당신은 초대교회의 그리스도인들보다 2천 년이나 뒤에 태어났지만, 그들에게 확신을 준 약속을 동일하게 접할 수 있습니다. 그리고 우리가 자신의 구원 여부에 대해 감정적으로 어떻게 느끼든, 또한 현재의 여건이나 육체적 상태가 어떠하든, 하나님의 약속과 우리의 구원은 여전히 변함이 없을 것입니다. 그러므로 만약 믿음으로 하나님의 아들을 마음에 모셨다고 하면, "하나님이 우리에게 영생을 주신 것과 이 생명이 그의 아들 안에 있는 그것이니라. 아들이 있는 자에게는 생명이 있고, 하나님의 아들이 없는 자에게는 생명이 없느니라"(요한일서 5:11-12)라는 약속을 우리가 영생을 가지고 있다는 근거로 자신 있게 주장할 수 있습니다.

만약 당신이 구원을 얻기 위하여 성경 말씀을 의뢰했다면, 확신을 위해서도 또한 말씀을 의뢰해야 합니다. "성경은 우리가 영생을 가지고 있다는 사실을 확신시키기 위해 주어졌습니다. 그러므로 확신을 갈망하는 것을 주제넘은 짓이라고 생각지 마십시오"라고 스펄전은 말합니다. 당신은 진심으로 하나님의 약속을 믿습니까? 그렇다면 당신은 하나님의 자녀라는 확신을 가져도 좋습니다.

추가 적용

당신은 어디서 구원의 확신을 얻고자 합니까?

무엇보다도 그러한 확신을 얻기 위해서는 당신 자신이 아니라 하나님께로 향해야 합니다. 구원받았다는 근거로 제시하는 "그것은 내가…"로 시작하는 말도 나름대로의 의미가 있습니다(이에 대해서는 다음 두 장에서 다룹니다). 그러나 이런 말로 시작해서는 안 됩니다.

하나님과의 관계에 대한 확신은 어떤 경험이나, 의식(儀式), 다른 사람의 의견, 혹은 당신이 행한 어떤 것에 기초를 두어서는 안 됩니다. 이런 것을 의뢰하면 대개 의심을 하게 됩니다. 당신이 진정한 경험을 했는지, 혹은 의식을 통하여 당신에게 꼭 있어야 할 것을 얻었는지, 올바른 사람에게 물었는지, 혹은 충분히 할 만큼 했는지에 대하여 의문을 가지게 됩니다. 그러나 하나님께서 하신 일에 대한 믿음은 갈수록 견고해지는 확신을 낳게 됩니다.

한 내성적인 젊은 여성은 자기는 마치 활강 썰매 경기와 같은 확신을 가지고 있다고 했습니다. 최근에는 의심의 골짜기를 지났는데, 3년 전에 그리스도에 대한 믿음을 고백할 때 그 동기와 반응 등에 대해 자신을 속였을 것이라는 두려움에 휩싸였기 때문이었습니다. 그는 속으로 "그때" 자신이 "회개를 올바로 했는지," 그리고 "올바로 믿었는지" 거듭거듭 의심하였습니다. 대화를 하다 보니 이와 같은 패턴이 반복되고 있다는 것이 발견되었고, 그가 복음에 대하여 올바로 반응했는지를 염려하는 것은 정상적이지만 그 초점이 잘못되었다는 생각이 들었습니다. 그는 하나님께서 하신 일이 아니라 자기가 한 일을 기초로 하여 확신을 찾으려고 했기 때문입니다. 그가 하나님께 초점을 맞추어 확신을 찾으려고 했을 때, 이전보다 훨씬 견고한 확신과 즐거움을 누리게 되었습니다.

당신은 어디에서 확신을 찾고 있습니까?

당신은 하나님의 성품을 의지하며, 예수 그리스도께서 하신 일을 의뢰하고, 성령에 의해서 주어진 성경의 약속을 믿습니까? 이런 것들이 구원의 확신을 위한 견고한 기초가 됩니다. 당신에게 확신을 주는 다른 어떤 증거도 이 기초에 비할 수 없습니다. 당신은 반드시 이 객관적이고 성경적인 사실들을 기초로 확신을 가져야 합니다. 다른 것들은 부차적인 것들입니다.

다른 모든 일에서와 같이 우리는 인간적인 약함으로 인하여 개인의 경험에 기초하여 확신을 갖고 싶어합니다. 예를 들어, 일기 예보에서 비가 온다고 예보를 해도, 우리는 하늘에 구름이 끼고 어두워지는 것을 직접 보아야 확실히 이를 믿게 됩니다. 그러나 이러한 태도는 우리가 구원의 확신을 얻고자 할 때에는 비극적인 결과를 낳을 수 있습니다.

20세기 초 아이언사이드 박사는 18년 동안 시카고의 무디 메모리얼 교회의 목사로 시무했습니다. 어느 날 한 나이든 분이 찾아와서 자기의 구원의 확신에 대한 갈등을 털어놓았습니다. 그는 틀림없는 분명한 증거를 오랫동안 구해 왔노라고 했습니다.

아이언사이드 박사가 말했습니다. "만약 천사가 나타나 당신의 죄가 사해졌다고 말해 주면 되겠습니까?"

그는 "예, 그럴 것 같습니다. 천사는 옳을테니까요"라고 대답했습니다.

그러자 아이언사이드 박사가 물었습니다. "그러나 당신이 임종하기 직전 사탄이 나타나서 '내가 바로 그 천사였다. 나는 너를 속이기 위해 위장했었다'라고 말한다면 당신은 무엇이라고 대답하겠습니까?"

그 사람은 말이 없었습니다.

아이언사이드 목사는 하나님께서 우리에게 천사의 음성보다도 훨씬 더 믿을 만하고 더 권위가 있는 것을 주셨다고 말했습니다. 하나님께서는 그분의 아들과 말씀을 주신 것입니다.

그리고 나서 아이언사이드 박사는 물었습니다. "이것이면 의지할 만하지 않습니까?" 우리도 이 질문에 대답할 필요가 있습니다.

제 4 장

내적 확증

> 매순간의 진정한 확신을 위해서는
> 성령의 역사가 반드시 있어야 합니다.
> – 조우얼 비키

"제가 그리스도인이라고 생각하세요?" 목회자이기 때문에 받는 질문입니다. 어떤 사람들은 종교 지도자나 성경 교사 혹은 그들이 생각하기에 하나님과 가까이 있다고 보이는 사람들에게, 자신들과 하나님의 관계에 대한 확신을 얻기 위하여 이런 종류의 질문을 합니다. 사역을 하고 있는 사람들에게서 인정을 받으면 이를 하나님에게서 직접 들은 것과 동일한 것으로 간주합니다.

나는 이런 질문에 직접적으로 대답하지는 않습니다. 심지어 질문을 하는 사람이 틀림없는 그리스도인이라는 확신이 들어도, 나는 그 사람의 마음을 감찰하실 수 있고 그 사람이 자신의 자녀라고 선언하실 수 있는 권한을 가지고 계신 하나님의 권위를 침해하지 않으려고 합니다.

나는 "성경은 당신이 회개하고 그리스도를 믿었으면 그리스도인이라고 합니다" 혹은 "그리스도인이라는 증거로 성경에서 보여 주는 것으로 이러저러한 것들이 있는데 당신의 삶에도 그런 것들이 있는 것 같군요"라고 말해 줄 수는 있습니다. 그러나 나는 "당신은 그리스도인입니다"라고 단정적으로 말해 줄 수는 없습니다. 내가 실수를 할 수도 있기 때문입니다. 나머지 열한 제자가 가룟 유다가 진정한 그리스도인이 아니라는 것을 몰랐다면, 우리도 다른 사람에 대하여 그럴 수가 있습니다. 오직 하나님만이 어떤 사람의 영혼의 진정한 상태를 알고 계십니다.

따라서 사람들이 하나님과 자신의 관계에 대하여 질문하면 연령이나 친분과 무관하게 하나님께 돌려보내는 것이 상책입니다. 하나님께서는 자녀들에게 확신을 심어 주시고자 하며 그렇게 할 능력이 있으신 분이기 때문입니다.

이 때문에 로마서 8:16은 다음과 같이 말하고 있는 것입니다. "성령이 친히 우리 영으로 더불어 우리가 하나님의 자녀인 것을 증거하시나니."

구원의 확신은 성령의 내적 확증을 통하여 경험할 수 있다

당신이 그리스도인이라면, 당신 몸 안에 또 다른 인격체가 내주하고 있다는 것을 알고 있습니까? 그는 바로 다름아닌 성령이십니다. 바로 하나님의 영이 그리스도를 믿는 모든 사람 안에 거하고 계십니다(고린도전서 6:19). 밀접하게 연합되어 있지만, 여전히 각각의 인격체로 존재합니다. 로마서 8:16에 두 가지가 다 언급되어 있는 것을 볼 수 있습니다. "성령이 친히 우리 영으로 더불어…." 각각의 영은 우리의 의식에 의사 전달을 합니다. 우리는 자신에게 말합니다. 그러나 하나님의 영 또한 우리에게 말씀하십니다. 성령의 사역 중의 하나는 모든 믿는 자에게 "나는 하나님의 자녀다"라는 확신을 주는 것입니다.

이미 살펴보았듯이, 성령께서 증거하신다고 해서 진정한 그리스도인이 자기의 구원에 대하여 의심할 가능성이 전혀 배제되는 것은 아닙니다. 그러나 성령께서는 우리의 의심을 해결하도록 도와주시는 분이십니다. 성령께서는 아주 악한 자에게도 하나님께서 그를 영원한 사랑의 대상으로 삼기 위해 택했다는 사실을 확신시키실 수 있습니다. 성령께서는 2천 년 전에 일어난 그리스도의 죽음으로 말미암아 천국과 죄사함의 축복이 그들의 것이 되었음을 믿게 하실 수 있습니다. 또한 믿는 자들로 하여금 그들이 하나님의 사랑을 받을 만한 자격이 없다는 것을 깨닫게 하지만, 동시에 "참마음과 온전한 믿음(확신)으로 하나님께 나아가게 하는" 믿음을 가지게 하십니다(히브리서 10:22).

성령께서는 어떻게 그리스도인에게 확신을 주시는가?

성경학자들 사이에서도 성령께서 우리에게 증거하시는 과정에 대하여 로마서 8:16이 무엇을 가르쳐 주고 있는지에 대해 여러 가지 의견이 있습니다. 신학적인 면과 문장 자체의 의미를 생각하며, 그들은 다음과 같은 질문을 합니다. "성령께서는 우리 영과 함께 증거하시는가? 아니면 우리 영에게 증거하시는가?" 다른 말로 하면, 성령께서는 우리 영으로 더불어서, 즉 함께 우리의 생각에 영향을 주어 우리가 진정으로 구원을 받았다는 결론을 내리게 하지만, 결코 우리의 머리 속에 구체적인 말을 심어 주시지는 않는 것입니까? 아니면 우리가 들을 수 있는 구체적인 말과 느낄 수 있는 인상을 통하여 직접 우리 영에게 "우리가 하나님의 자녀이다"라고 증거하기도 하시는 것입니까? 다른 방식으로 생각해 보면, 하나님의 영은 우리의 생각과 인상에 영향을 줌으로 우리 자신의 구원에 대해 간접적으로 우리에게 증거하시는 것입니까? 아니면 확신의 생각과 인상을 우리에게 직접 심어 주십니까? 나는 성령께서 이 두 가지 모두 사용하신다고 생각합니다. 어느 쪽을 얼마나 더 사용하시는가는 성령께서 결정하실 일입니다.

물론 어떤 의미에서 성령의 사역은 우리가 완전히 이해할 수는 없는 심오한 것입니다. 그러나 우리가 하나님의 자녀라는 사실을 성령께서 우리에게 어떻게 확증하시는지에 대하여 우리가 온전히 이해하거나 설명할 수는 없다고 할지라도, 우리가 이에 대하여 전혀 설명할 수 없는 것은 아닙니다.

우리 마음을 열어 성경을 깨닫게 하여 주심으로

성령께서 깨닫게 하여 주시지 않으면 아무도 성경을 이해할 수 없습니다. 고린도전서 2:14에서는 "육에 속한 사람은 하나님의 성령의 일을 받지 아니하나니 저희에게는 미련하게 보임이요, 또 깨닫지도 못하나니 이런 일은 영적으로라야 분변(分辨)함이니라"고 말합니다. 그러나 성령을 받은 사람이라고 할지라도 말씀에서 가르쳐 주시는 모든 것을 즉각적으로 다 이해하지는 못합니다. 우리의 일생을 통해 하나님의 영은 우리가 성경을 점점 더 많이 이해할 수 있도록 계속 우리 마음에 비췸을 주실 것입니다.

우리 영과 더불어 증거하시는 성령으로 말미암아 우리는 성경에 대하여 새로운 깨달음을 얻게 되며, 이를 통해 우리의 구원에 대하여 더욱 확신하게 됩니다. 당신은 말씀을 읽다가 혹은 설교를 듣다가 번득이는 깨달음을 얻은 경험이 있습니까? 이 깨달음으로 말미암아 하나님을 사랑하는 마음이 생기거나, 당신을 구원하여 주신 하나님께 감사하게 되거나, 혹은 십자가의 의미를 새롭게 알고 어떻게 살아야겠다는 다짐을 한 적이 있습니까? 이러한 것은 당신의 영과 더불어 증거하시는 성령의 역사입니다.

성령은 하나님의 메시지의 의미를 자녀들에게 명확히 밝혀 주시는 분입니다. 이전에는 전혀 알지 못했던 당신과 하나님의 관계에 대한 진리를 깨닫는다면, 마치 빛이 번쩍 비춰는 것 같은데, 이것이 바로 당신 안에 살아 계시는 성령의 역사입니다. 이전에는 난해한 것 같던 하나님의 메시지가 분명하게 이해된다면, 성령께서 당신의 영과 더불어 증거하고 계신 것입니다. 복음을 통해 그리스도의 유일성과 영광을 점점 더 깨닫게 된다면, 계시하시는 성령께서 당신 안에 살아 계신 것입니다. 확신하는 데에 방해가 되었던 생각들이 하나님의 말씀에 의하여 사라지게 된다면, 이는 성령께서 역사하고 계시기 때문입니다. 말씀을 통한 확신을 갖고자 하며 그리스도를 알고자 하는 열망이 불타오르고 있다면, 이는 바로 성령께서 그런 열망을 주시기 때문입니다.

이 모든 것들은 성경을 통해 구원의 확신을 얻는 것의 중요성을 다시금 강조하여 줍니다. 비록 성령께서 친히 우리 영으로 더불어 우리가 하나님의 자녀인 것을 증거하시지만, 그분의 증거는 기본적으로 성령의 감동하심으로 쓰여진 성경을 통해서 들을 수 있기 때문입니다.

삶 속에 있는 구원의 성경적 증거들을 생각하게 하심으로
성령께서는 우리로 우리 삶에서 구원의 성경적 증거들을 발견하게 하시고, 그 사실을 통해 우리 영으로 더불어 우리가 구원받은 하나님의 자녀임을 증거하여 주십니다. 바울의 말을 빌리자면, 그러한 확신은 나의 삶에서 구원의 증거들을 찾은 후 내가 구원받았다는 사실을 "내 양심이 성령 안에서 나로 더불어 증거"함으로써 얻게 되는 것입니다(로마서 9:1 참조).

우리가 그리스도인임을 확신시켜 주는 분은 오직 성령이십니다. 성령께서는 우리로 하여금, 성령의 역사로 우리 삶에 일어난 변화를 성경 말씀에 비추어 객관적으로 평가해 보게 하시며, 이를 통해 우리에게 확신을 주시는 경우가 많습니다. 그리고 그분의 증거는 우리의 구원 여부에 대한 차가운 결론으로만 이끄는 것이 아니라, 이로 인해 기쁨과 평안을 넘치도록 누리게 합니다.

예를 들면, 구원받았다는 증거 가운데 하나는 하나님을 사랑하는 것입니다. 그 사랑으로 인해 우리는 하나님께로 가까이 나아가며 하나님께 부르짖게 됩니다. 이것이 로마서 8:15에 나타나 있습니다. "너희는…양자의 영을 받았으므로 아바 아버지라 부르짖느니라." 그리스도인들이 이 구절을 읽으며 "아, 성령께서는 양자의 영으로 내 안에 계시는구나. 그래서 나는 하나님을 아버지라 부를 수 있고, 언제든지 하나님께 나아가, 나의 심판자가 아니라 나의 아빠(아버지)이신 하나님과 대화할 수 있구나…" 하고 생각할 때, 성령께서는 그리스도인들에게 확신을 심어 주십니다. 당신이 하나님을 진정으로 아버지로 생각하고 있고, 진심으로 그분을 아버지라고 부름으로써 이 사실을 입증한다면, 이는 당신이 그분의 자녀임을 믿고 있다는 것을 의미합니다. 당신의 영으로 하나님께 부르짖게 하는 분이 바로 성령이십니다. 그리고 당신의 영이 아버지 하나님께 부르짖는 동안, 성령께서는 당신이 하나님의 자녀임을 당신의 영과 더불어 증거하고 계십니다.

진정한 믿음을 확증하여 주는 또 하나는 하나님의 말씀에 대한 순종입니다. 요한일서 2:3에서는 "우리가 그의 계명을 지키면 이로써 우리가 저를 아는 줄로 알 것이요"라고 말합니다. 나의 삶을 돌아보며 마음을 살펴볼 때, 나는 하나님께서 원하시는 것을 모두 다 순종하기를 원한다고 정직하게 말할 수 있습니다. 내가 항상 하나님께 순종하는 것은 아니지만 일반적으로 나의 삶은 불순종보다는 순종 쪽으로 향합니다. 이러한 생각은 내 나름대로의 관찰과 평가의 결과입니다. 그러나 이러한 생각이 전적으로 나 자신의 생각만은 아닙니다. 나의 생각에 성령께서 영향을 미쳐서 이러한 결론에 다다르게 하시며, 이러한 내용을 나 자신에게 말씀하시는 것입니다. 이런 식으로 성령께서는 내 영으로 더불어 증거하시는 것입니다. J. I. 패커는 "성령의 도우심이 없으면 사람은 결코 자기 안에서 역사하시는 성령을 깨달을 수 없다"고 했습니다.

물론 우리는 자신을 속일 수 있으며, 특히 단순히 한두 가지 믿음의 증거들을 가지고 결정할 때 그러합니다. 그러나 성령께서는 다른 증거들과의 균형 가운데 이러한 증거들을 보도록 도와주십니다. 성령으로 말미암아 나는 구원의 다른 증거들에 비추어 자신을 평가해야 함을 깨닫습니다. 뿐만 아니라 성령으로 말미암아 나는 그렇게 하기를 마음으로 원하게 됩니다! 진정한 회심의 또 다른 증거들을 살펴볼 때 성령께서는 무의식 중에 다음과 같은 결론에 이르도록 인도하십니다. "맞아, 내가 진정 겸손하게 생각해 보더라도 이러한 것이 나의 삶에 나타나고 있어. 그리고 저것과 또 저것도 마찬가지야." 자기를 속이는 것이 가능하기는 하지만, 성령께서는 그러한 위험에 대하여 우리에게 경고를 하십니다. 거짓으로 확신하는 것과는 달리 성령께서는 하나님의 자녀에게 스스로 속이는 것에 대한 건전한 두려움을 심어 주시며, 그렇게 되지 않도록 끊임없이 자신을 살펴보게 동기를 부여하십니다.

성경 말씀을 우리 마음에 생각나게 하여 주심으로

여기서는 성령께서 우리 영으로 더불어서가 아니라 직접 우리 영에게 말씀하시는 것에 대하여 살펴봅시다. 성령께서 자주 사용하시는 한 가지 방식은, 우리의 확신을 돕기 위하여 잘 알고 있는 성경 말씀을 마음에 떠오르게 하는 것입니다.

최근 어느 주일, 나는 매우 실망이 되어 있었습니다. 예배 참석자 수가 보기 드물게 적었습니다. 설교할 때 하나님께서 함께하신다는 느낌이 전혀 없었습니다. 한 젊은 자매가 아내와 대화를 나누기 원했지만, 아무도 예배가 끝난 후에 나와 함께 교제를 나누자고 하지는 않았습니다. 예전 같으면 저녁엔 항상 그런 교제가 있었습니다. 하나님 나라에서 무능하고 별로 열매도 없는 사람이라는 느낌을 가지고 혼자 집으로 돌아왔습니다. 아직도 해가 떨어지려면 30분이나 남았기 때문에 자전거를 타고 석양이 지는 곳으로 갔습니다. 생각에 잠겼습니다. 이런저런 생각을 하고 있을 때 산들바람이 한 가족이 모여 웃음꽃을 피우는 소리와 햄버거를 굽는 향기를 실어 와 내 얼굴을 간지럽혔습니다. 황혼이 그 따뜻한 주일을 마감하고 있었습니다. 모든 사람이 나보다 더 많은 축복을 받고 있는 것 같았습니다. 모든 집이 집 없는 나에게는 마치 저택처럼 보였습니다. 고독에 빠진 나를 빼놓고는 모두가 가족들이 항상 가까이에 있어서 언제나 쉽게 만날 수 있는 것처럼 느껴졌습니다. 하나님께 사랑을 받지 못하고 있다는 그릇된 생각에 빠져 들었습니다. 나는 주님께 왜 주님의 원수들조차도 자기 집을 가지도록 하시면서 나에게는 허락하지 않으셨는지 물었습니다. "왜 저는 가족들로부터 이렇게 떨어져 있어야 하지요?"라고 하며 주님을 원망했습니다. 이와 동시에 내 마음속에서는 마치 토스터에서 빵이 튀어 나오듯 다음 구절이 떠올랐습니다. "또 내 이름을 위하여 집이나 형제나 자매나 부모나 자식이나 전토를 버린 자마다 여러 배를 받고 또 영생을 상속하리라"(마태복음 19:29).

스스로 생각한 것이라고요? 나는 그렇게 생각지 않습니다. 내 영

구원의 확신

은 한쪽 방향으로만 가고 있었습니다. 처지고 죄된 방향이었습니다. 그러나 이 구절은 나의 생각을 180도 바꾸어 놓았습니다. 주님의 뜻을 알아차리고 미소를 입가에 머금었습니다. 나는 주님께 말씀드렸습니다. "옳습니다, 주님. 저는 주님의 종이며 영생을 가지고 있습니다. 이것이 그 무엇보다도 좋은 것입니다. 게다가 주님께서는 제가 원하는 것의 여러 배를 주시겠다고 약속하셨습니다. 제 눈에 보이는 집이나 가족과는 달리 주님께서 주시는 상급은 영원한 것입니다." 성령께서는 내가 하나님의 자녀라고 나의 영에 직접 증거하고 계셨습니다.

여러 가지 이유로 우리는 성령께서 다른 어떤 방법보다도 이미 잘 알고 있는 방법을 통하여 말씀하여 주시기를 훨씬 더 기대하는 것 같습니다. 그러나 우리가 마음속에서 성경 구절을 듣는다고 해도 여기에는 잠재적인 위험이 내포되어 있습니다. 예수님께서 시험받으신 것(마태복음 4:1-11, 누가복음 4:1-13)에서 볼 수 있듯이 사탄도 성경 구절을 자기 자신의 목적 성취를 위해 사용할 수 있기 때문입니다. 어떻게 이러한 위험으로부터 자신을 지킬 수 있겠습니까? 가장 안전한 방법은 예수님의 방법을 따르는 것입니다. 성경을 확실히 알아서 당신의 주의를 끄는 구절이 문맥상 그런 뜻인지 그리고 적용이 올바른지의 여부를 분별하는 것입니다.

때때로 성령께서는 우리 영에 증거하실 때에 설교 말씀이나 경건한 지도자나 친구의 조언, 어떤 책에서 읽은 것, 혹은 자연을 보고 관찰한 것에서 나온 영적 진리를 우리 마음에 심어 주시는 경우도 있습니다. 예를 들어 병아리 떼와 함께 있는 암탉을 보거나 새끼들과 함께 있는 고양이를 볼 때에 성령께서는 당신에 대한 하나님의 사랑의 약속을 기억나게 하실 수 있습니다.

나는 성령께서 구체적인 성경 구절 이외의 것을 사용해서도 확신의 내용을 전달해 주신다고 믿습니다. 그러나 성령께서 우리에게 말씀하여 주시는 것은 성경의 진리를 표현하며 그 진리를 옹호하는 것뿐입니다. 하나님의 말씀을 우리에게 밝히 조명하여 주시거나 적용하게 하심으로써 성령께서는 우리에게 확신과 평안을 심어 주십니다.

성령께서는 말씀이 없이도 내적인 확신을 주신다
이는 성령께서 하나님의 자녀의 영에게 확신을 증거하여 주시는 가장 신비하고도 개인적인 방법입니다. 성령께서 이런 식으로 역사하실 때, 하나님의 말씀을 인식하지 않고도 내적 확신을 갖게 됩니다. 이러한 형태의 확신은 성경적으로 뒷받침되는 감정이나 인상, 혹은 내적 경험으로 나타납니다.

우리는 두 가지 극단을 조심해야 합니다. 우리의 경험을 성경 말씀의 수준으로 의지해서는 안 됩니다. 이는 한쪽으로 치우친 것입니다. 경험 자체가 아무리 심오하고, 극적이며, 황홀한 것이라 해도 그 자체로는 아무것도 증거하지 못합니다. 이 때문에 우리는 확신의 **기초**와 확신의 **경험**을 구별해야만 합니다. 하나님께서 주시는 확신의 느낌은 기쁨을 주며 바람직한 것이기는 하지만, 우리의 확신은 언제나 하나님의 성품과 그리스도께서 하신 일과 하나님의 약속이라는 진리에 그 기초를 두어야 합니다. 이러한 기초를 의식적으로 의뢰하지 않으면 확신의 경험은 무의미한 것이 됩니다. 그러나 이러한 견고한 기초에 단단히 뿌리를 내리고 있는, 성령께서 주시는 느낌은 인생에서 경험할 수 있는 가장 큰 기쁨을 맛보게 할 수 있습니다. 그러나 이러한 느낌이 놀라운 것이기는 하지만 항상 지속되는 것은 아닙니다. 우리가 하나님의 사랑을 느끼는 것에 지나치게 집착하면, 영적으로 고양되어 있을 때나 느끼는 이러한 느낌에 위험스러울 정도로 의존할 수 있습니다. 때때로 하게 되는 이러한 경험의 중간 중간에서는 확신이 전혀 없는 때도 있을 수 있기 때문입니다. 또한 잘못된 가르침과 그릇된 성령 체험에 현혹되기가 더 쉬워집니다.

우리가 피해야 하는 다른 쪽의 극단은 성령께서는 우리의 구원을 확증하기 위하여 감정 같은 것은 전혀 사용하시지 않는다고 주장하는 것입니다. 분명 성령께서 불러일으키시는 "아바, 아버지"란 외침은 감정이 전혀 없는 메마른 마음으로부터 나오지는 않을 것입니다(로마서 8:15). 물론 예외적인 경우가 있기는 할 것입니다. 오늘날의 교회가 대체적으로 감정을 추구하고 지식적인 것은 등한히 하는 경향이 있기는 하지만, 그러한 경향을 거부하느라 성령께서 우리가 구원받았다는 느낌을 갖게 하실 수 있는 가능성까지 부인해서는 안 됩니다.

목사이자 성경 주석가인 제임스 몽고메리 보이스는 이 두 극단을 피하면서 다음과 같이 말합니다.

> 이미 언급한 증거들 외에도 성령께서는 믿는 자들에게 그들이 하나님의 아들이요 딸이라는 사실을 직접적으로 증거하기도 한다는 것이 로마서 8:16에서 가르치고 있는 바라고 확신합니다. 다른 말로 하면, 우리 마음속으로 성령을 진정으로 경험할 수 있다는 말입니다. 성령을 경험한다구요? 나는 반대 의견을 잘 알고 있습니다. 나는 어떠한 영적 경험도 그 자체로는 아무런 효용이 없다는 것을 알고 있습니다. 그러한 경험은 어떤 것이라도 모조품일 수 있습니다. 그리고 사탄이 만들어 제공하는 모조품은 정말로 좋은 것처럼 보일 수 있습니다. 그러나 영적 경험이 모조품일 수도 있다고 해서 모든 경험이 아무 가치가 없

는 것은 아닙니다. 성령의 경험을 추구하는 사람들이 종종 도가 지나쳐서 비성경적인 생각이나 관행에 빠지는 것을 알고 있습니다. 그러한 모든 경험들은 성경에 비추어 평가해 보아야 합니다. 그러나 이러한 반대 의견에도 불구하고, 사실 이것은 중요한 견해이기는 하지만, 한 사람이 하나님의 자녀라는 사실을 충분히 증거하여 주는 성령의 직접적인 경험이 있을 수 있다고 말할 수 있습니다. 당신에게는 그런 경험이 없습니까? 하나님께서 임재하고 계신다는 엄청난 느낌을 경험하신 적이 있습니까? 혹은 당신의 인생의 어느 시점에서, 여러 번일 수도 있는데, 하나님께서 특별한 방법으로 당신에게 다가오셨기 때문에 당신이 경험하고 있는 것이 분명 하나님께로 온 것이라는 데에 전혀 의심의 여지가 없었던 경우가 있습니까? 아마 감동하여 눈물을 흘렸을지도 모릅니다. 당신은 하나님께서 임재하고 계시다는 다른 증거를 깊이 느끼고, 이 경험으로 말미암아 하나님을 더욱 사랑하고픈 마음을 갖게 되었을 것입니다.

이러한 "직접적인 성령 체험"은 아버지와 우리와의 관계를 확증시켜 주며, 때때로 강하고 열렬하여 우리 감정 깊숙한 곳을 흔들어 놓기까지 합니다. 어떤 경우엔 조용하고 부드럽게 다가와서 영혼에 평안과 안정감을 심어 주기도 합니다. 이러한 느낌은 "아바" 아버지께 대한 당신의 사랑의 감정을 도저히 감당할 수 없을 것처럼 만들기도 하며, 때로는 하늘에 계신 아버지께서 그분의 사랑을 당신에게 아낌없이 쏟아붓고 계신다는 달콤한 느낌을 갖게 할 때도 있습니다. 성령께서 당신의 영에 증거하사 앞에서 말한 모든 감정을 다 느끼게 하는 경우가 있으며, 그러한 경험은 쉬 잊혀지지 않을 것입니다. 미국 대각성 운동의 선구자였던 자너슨 에드워즈는 그의 일기에 다음과 같은 경험을 기록하고 있습니다.

1737년 어느 날, 나는 건강을 위하여 말을 타고 숲으로 간 적이 있었다. 한적한 곳에서 말을 내려 묵상과 기도를 하기 위해 예전에 늘 그러했던 것처럼 걷기 시작했다. 그때 나로서는 기이한 광경을 보았다. 하나님과 사람 사이의 중보자이시며 하나님의 아들이신 분의 영광과 더불어 그분의 놀랍고 위대하고 충만하고 순결하고 달콤한 은혜와 사랑, 그리고 온유하고 인자한 겸손의 모습을 보았다. 너무나 고요하고 달콤하게 보이는 이 은혜의 광경이 하늘 위로 장엄하게 펼쳐졌다. 예수님께서는 너무나 뛰어나고 너무나 위대하셔서 모든 생각과 계획을 다 삼킬 만했다. 이러한 광경이 내가 생각하기에 한 시간 정도는 지속되었다. 이 광경을 보는 동안 나는 눈물이 쏟아지는 것을 억제할 수 없었으며, 크게 소리를 내어 울기도 하였다. 영혼의 열정이 비워지고 소멸되는 것을 느꼈고, 이는 다른 방도로는 어떻게 표현할지 알 수 없는 경험이었다. 나의 영혼은 욕심들이 사라지고 그리스도만으로 충만했으며, 거룩하고 순수한 사랑으로 그분을 사랑하고 적극적으로 신뢰하며, 그분을 의지하여 살고, 섬기고 따르며, 그리고 그 신성하고 성스러운 순결함으로 인해 완전히 성화되고 순결하게 되는 것을 느꼈다. 나는 다른 몇몇 경우에도 이러한 종류의 광경을 보았으며, 언제나 동일한 결과를 맛보았다.

비록 문맥에 세심한 주의를 기울여야 하겠지만, 실제적으로 로마서 8:16은 성령께서는 우리에게 직접 확신을 전달하신다는 교훈을 줍니다. 따라서 우리 마음에 확신을 주는 말이 언제나 우리 자신의 말이냐 아니면 때때로는 성령께서 직접 주시는 것이냐, 그리고 확신의 느낌이 하나님께로부터 직접 나온 것이냐 아니냐 하는 것은 중요한 문제가 아닙니다. 중요한 것은 성령께서 어떻게 우리에게 확신을 증거하시느냐 하는 것이 아니라 성령께서 증거하신다는 사실입니다. 제9장에서 우리는 성령께서 주시는 확신과 스스로 확신하는 것을 분간하는 원리에 대하여 나눌 것입니다.

추가 적용

만약 당신이 성령께서 하시는 이러한 사역을 의식하지 못하고 있다면, 당신은 아직도 성령께서 하시는 최초의 역사를 경험할 필요가 있을지 모릅니다. 성령의 최초의 역사는 사람들로 하여금 자신의 죄를 깨닫고 그 결과를 알며, 그러한 죄로 말미암는 심판과 죄의 형벌에서 구원받기 위하여 그리스도를 필요로 한다는 사실을 알도록 하는 것입니다. 이곳에서 설명한 성령의 역사가 당신에게 전혀 생소하게 들린다면, 혹은 이 글을 읽으면서 나는 이러한 종류의 경험을 해본 적이 없다고 생각된다면, 당신이 구원을 확신하지 못하는 것에 대한 가능한 이유로 당신이 아직 구원을 받아야 할 필요가 있기 때문일지도 모릅니다.

요한 웨슬레는 헌신된 그리스도인이며 감리교회의 창시자로 오늘날도 기억되고 있습니다. 그러나 1736년, 그가 선교사로 미국 조지아 주의 서배너에 도착했을 당시에도 회심을 한 상태가 아니었습니다. 미국에 도착한 다음날 그는 독일 모라비안 운동에 참여하고 있는 한 목사를 만났는데, 웨슬레는 그에게서 개인적인 믿음에 대하여 질문을 받았습니다.

그 목사는 영국인 청년에게 물었습니다. "당신 안에 증거가 있습니까? 성령께서 당신의 영과 더불어 당신이 하나님의 자녀인 것을 증거하십니까?"

웨슬레는 놀랐고, 어떻게 대답해야 할지를 몰랐습니다.

"당신은 예수 그리스도를 아십니까?" 목사가 물었습니다.

웨슬레는 잠시 생각하다가 대답했습니다. "나는 그분이 세상의 구세주라는 것을 알고 있습니다."

"맞습니다. 그러나 당신은 그분이 당신을 구원한 사실도 알고 있습니까?"라고 그 목사는 물었습니다.

"그분이 나를 구원하기 위해 죽으셨기를 바랍니다"라고 웨슬레는 대답했습니다.

"당신은 자신의 상태를 압니까?" 그 독일인은 끈질기게 질문했습니다.

"그렇습니다." 웨슬레는 이렇게 대답하였지만 일기에는 다음과 같이 썼습니다. "나는 그 대답들이 거짓은 아니었는지 두려웠다."

당신 안에 성령께서 주시는 증거가 있습니까? 그렇다고 진심으로 믿는다면 "그렇습니다!"라고 말하는 것은 주제넘은 짓이 아니라 하나님께서 기뻐하시는 믿음입니다. 만약 이 시점에서 웨슬레가 그러했던 것처럼 그분의 확증하시는 사역을 알지 못한다면 그러한 사실을 인정하기를 두려워하지 마십시오. 교만 때문에 그리스도께 나아가는 것을 망설이지 마십시오.

만약 성령께서 주시는 확신을 경험했다고 생각한다면, 성령의 열매가 있는지를 점검해 봄으로써 이를 확증하십시오(갈라디아서 5:22-23). 성령께서 주시는 내적 확신으로 말미암아 부분적으로 확신

내적 확증

을 가질 수 있으며, 당신의 삶에서 구원받은 증거들이 나타나는 것을 봄으로써 보다 분명한 확신을 가질 수 있습니다. 성령께서는 당신의 영에 증거하시는 것으로만 증거의 사역을 감당하지는 않으십니다. 성령께서는 이와 더불어 그분의 열매를 통해 자신의 내주를 증거하시는 것입니다(갈라디아서 5:22-23을 참조하십시오). 따라서 당신의 내적 확신이 진정으로 성령으로부터 말미암은 것인지를 알 수 있는 가장 최선의 방법은 당신의 삶에서 보이는 성령의 열매를 관찰하는 것입니다.

우리의 내적 확신을 검증하는 것의 필요성에 대하여 미국의 신학자 워필드는 다음과 같이 말했습니다.

> 그리스도인으로서의 특징이 하나도 나타나지 않는 사람은 스스로를 그리스도인이라고 믿을 자격이 없습니다. 오직 성령으로 인도함을 받고 있는 사람만이 하나님의 자녀라고 할 수 있습니다. 그러나 그리스도인의 모든 특징을 가지고 있는 사람이라고 할지라도 확신의 특권을 누리지 못할 수도 있습니다. 바로 이러한 사람들에게 성령께서 증거하사 확신을 더해 주시는 것입니다. 이는 눈에 보이는 "증거"의 자리를 대체시키려는 것이 아니라 오히려 그 효과를 증진시키고 더 높은 수준으로 올리기 위함이며, 비합리적이고 억지 같은 확신을 가지게 하려는 것이 아니라 더 높고 안정된 확신, 다른 어떤 도움이 없이는 도저히 가질 수 없는 확신을 가지게 하려는 것입니다.

당신이 느끼는 그리스도인이라는 감정이 그리스도인의 삶으로 표현되고 있는지를 검증해야 한다는 것에 주의를 기울이십시오. 하나님께서는 느낌과 표현이 따로 있도록 의도하지는 않으셨습니다. 서로를 강화시키기 위함입니다. (다음 장에서는 이에 대하여 더 다루도록 하겠습니다.)

　만약 당신이 성령께서 더 강하게 증거해 주시기를 원한다면, 이를 위하여 기도하고, 지속적으로 순종하는 삶을 살며, 하나님의 때를 인내로 기다리십시오. 구원을 확신하고자 하는 열망이 당신에게 구원이 있음을 드러내는 신호라는 사실을 깨달은 적이 있습니까? 그리고 당신이 조그만 확신을 가지고 있으나 더 큰 확신을 달라고 기도하는 것은 죄가 아닙니다. 그러나 당신이 어떤 죄를 뉘우침이 없이 의도적으로 지속적으로 탐닉하고 있다면 이러한 기도의 응답을 기대하지는 마십시오. 구원을 확신하는 것은 구원받은 사람으로서 합당하게 살고자 할 때 주어지는 은혜입니다. 물론, 궁극적으로는 하나님께서 당신에게 확신을 주시기를 기다려야 합니다.

　당신은 자신이 구원을 받았다고 생각하십니까? 그렇게 생각한다면, 그것은 누군가가 당신이 구원을 받았다고 말해 주었기 때문입니까? 나는 하나님께서 그런 확신을 주셨기를 바랍니다. 그러나 만약 목사나 부모, 혹은 친구가 당신은 구원을 받았다고 말했기 때문에 그렇게 믿는 일은 없기를 바랍니다. 오직 성령께서 당신의 영과 더불어, 그리고 직접 당신 영에게 당신이 하나님의 자녀임을 증거하셨기 때문에 그렇게 믿기를 바랍니다.

제 5 장

구원의 증거

우리를 거룩하게 만드심으로 하나님께서는
우리가 더욱 확신을 누리게 하십니다.
– J. W. 알렉산더

역사상 성경 다음으로 많이 읽히는 베스트셀러는 바로 존 번연의 **천로역정**입니다. 그것은 1678년 번연이 감옥에 있을 때 출간되었는데, 그는 영국 국교회 내에서 사역하기 위해서 필요한 양심 서약을 하지 않으려 했고, 또한 정부의 허락도 받지 않고 설교를 계속했다는 죄목으로 형을 받았습니다.

천로역정은 그리스도인의 삶을 비유적으로 표현한 것입니다. 주인공은 '크리스천'이라는 사람입니다. 그는 멸망의 도시를 떠났습니다. 왜냐하면 그는 한 책(성경을 상징함)을 읽었는데, 이 도시가 곧 멸망할 것이라고 기록되어 있었기 때문입니다. 그는 등에 커다란 짐(죄를 상징함)을 지고 있었는데, 어떤 것으로도 그것을 벗을 수 없었습니다. 도시 밖의 들판을 이리저리 방황하다가 그는 '전도자(傳道者)'라는 사람을 만났습니다. 그는 크리스천에게 멀리 떨어진 작은 문을 가리켰습니다. 그 문을 통과하여 좁은 길을 따라가다 십자가 세 개가 서 있는 언덕에 도착하게 되었습니다. 그 순간 그에게 변화가 일어났고, 짐은 그의 등에서 굴러 떨어졌으며, 밑으로 굴러 비어 있는 무덤 속으로 들어갔습니다. 구원에 관한 이 예화에서, 크리스천은 길을 따라 그의 최종 목적지인 천성(天城)까지 여행합니다. 가는 도중에 그는 여러 사람과 다양한 환경을 접하게 되는데, 이는 그리스도인이 이 세상을 통과하여 천국에 들어갈 때까지의 과정을 여행에 비유하여 이야기로 그려 내고 있는 것입니다.

이 책의 마지막 부분에서 크리스천과 그의 동료인 '소망(所望)'은 강 하나를 건너게 됩니다. 이 강은 죽음을 나타냅니다. 소망은 매우 쉽다고 생각합니다. 그러나 크리스천은 과거의 죄를 생각하고는 "큰 혼돈과 공포"에 빠지기 시작합니다. 이와 같은 방식으로 번연은 믿는 사람들 중에도 큰 은혜와 승리감을 느끼며 세상을 떠나는 사람이 있는가 하면, 크리스천처럼 진정한 그리스도인이라고 할지라도 마지막 순간에 가서는 갑자기 자기의 구원을 확신하지 못하고 갈등에 빠질 수 있다는 것을 보여 주고 있습니다.

크리스천과 소망이 강을 건너기 바로 직전에 그들은 또 다른 순례자인 '무지(無知)'를 지나치게 됩니다. 그는 지독히도 천천히 나아갔으며, 그리스도인이라고 고백하는 다른 사람들과 함께 순례 여행을 하기보다는 자기 혼자 하기를 더 좋아하였습니다. 크리스천과 소망이 그와 더불어 대화를 나누었지만, 대화 후에 무지는 그들을 보냈습니다.

크리스천과 소망이 강을 건넌 후에 번연은 그들이 영광의 성에 들어가는 내용을 기록합니다. 이는 지금까지 기록된 하늘나라에 대한 어떤 묘사보다도 감동적입니다.

그러나 이상하게도 그는 마지막 부분을 다른 순례자인 무지에게 할애하고 있습니다. 무지는 아무 어려움도 겪지 않고 손쉽게 강을 건넜습니다. "헛된 소망"이라는 사람이 배로 그를 건네주었기 때문입니다. 이를 통해 번연은, 회심하지 않은 사람이 이 세상에서 다음 세상으로 갈 때에 쉽게 갈등없이 가지만 그가 확신하고 있는 것이 결국에는 하늘나라의 영광에는 들어갈 수 없는 헛된 소망임이 드러나게 될 것을 말하고 있습니다.

크리스천과 소망이 물에서 나올 때 그들을 맞이하려고 "빛나는 사람들"이 기다리고 있었습니다. 이들은 이 둘을 도와 언덕을 따라 영광의 성으로 들어갈 수 있도록 했습니다. 천사들은 그들에게, 그들이 보게 될 모든 영광에 대해 말해 주었고, 이를 상으로 받을 것이라고 말했습니다. 그들이 다가가자 또 다른 천사들과 수많은 다른 신자들 - 사랑하는 사람들과 과거에 유명한 그리스도인들 - 이 그들을 환영하기 위해 나아왔습니다. 왕께서는 그들을 맞이하기 위해 문을 열어 주라고 명하셨습니다. 그들은 주님의 이름을 찬양하는 소리가 울려 퍼지는 가운데 주님의 기쁨에 참예하였습니다.

그러나 무지를 맞이하는 사람은 아무도 없었습니다. 가까스로 그는 언덕까지 올라갔습니다. 문에 다가서자 무지는 문이 자기를 위해 활짝 열릴 것이라고 생각하였습니다. 그러나 아무일도 일어나지 않았습니다. 그래서 그는 문을 두드리기 시작했습니다. 누군가가 내려다보며 무엇을 원하느냐고 물었습니다. 그는 들어가게 해달라고 간청했습니다. 그러나 문은 굳게 닫히고 열리지 않았습니다. 왕은 두 천사를 명하여 밖에 나가서 무지를 잡아 손발을 묶고 멀리 데려가라고 명했습니다. 그들은 무지를 잡아 영광의 성에서 멀리 떨어져 있는 언덕 곁의 한쪽 문으로 던졌습니다. 그리고는 문을 열고 그를 밀쳤습니다. 번연은 다음과 같이 기록합니다. "그리고 나서 나는 심지어 하늘 문에서도 지옥으로 통하는 길이 있음을 보았습니다."

천로역정의 마지막 장면은 예수님께서 명백히 말씀하신 것을 잘 그려 주고 있습니다. 즉, 자기가 하나님의 영광의 성으로 가고 있는

구원의 증거

순례자라고 생각하는 많은 사람들이 하늘나라의 입구에서 때아닌 공포를 겪는 가운데 갑자기 붙잡혀 영원히 지옥으로 던져지는 것입니다. 이 세상을 살 동안 그들은 자기가 진정으로 하늘나라에 들어갈 것으로 믿었지만, 하늘 문 앞에서는 그들이 헛된 소망을 의지하고 살았던 것을 발견할 뿐입니다.

어떻게 하면 너무 늦지 않게 진실을 깨달을 수 있겠습니까? 하나님께서 나를 하늘나라로 받아들이실지에 대하여 지금 어떻게 알 수 있습니까? 제1장에서 살펴보았듯이, 성경에서는 하늘 문이 우리를 위하여 열릴 것인지에 대하여 지금도 확신할 수 있다고 말합니다(요한일서 5:13). 사실상 성경에서는 우리에게 그러한 확신을 추구하며(베드로후서 1:10), 구원의 성경적인 증거가 나타나고 있는지 우리 자신을 시험해 보라고 합니다(고린도후서 13:5). 하나님께서는 자녀들이 스스로 그리스도인이며 영원히 하나님의 소유가 되었음을 확실히 알기를 진정으로 원하십니다.

그러나 천로역정에 나오는 크리스천이 죽음의 시점에서는 자기의 죄가 다 사해졌는지에 대하여 잠시 동안 의심을 하는 것처럼, 정상적인 그리스도인이라도 때때로 자기의 구원에 대하여 의심을 가질 수 있습니다. 그러나 지속적으로 의심하는 것은 심각한 문제입니다. 어떤 의심거리도 그냥 지나쳐서는 안 되지만, 특히 구원에 대하여 늘 걱정하는 것은 반드시 해결하고 넘어가야 합니다.

번연이 무지 씨를 통하여 우리에게 보여 준 것처럼, 불신자도 자기들이 안전하지도 않은데 안전하다고 착각하는 경우가 흔히 있습니다. 그들은 헛된 소망을 가졌으며, 구원에 대하여도 그릇된 확신을 가지고 있습니다.

우리는 확신을 얻기 위해 어디로 향해야 합니까? 하나님과 예수님과 구원에 대한 진리를 성경에서 배우면서도, 그리스도인들은 이상하게도 구원의 확신을 위하여 다른 것으로 향하고자 하는 유혹을 받습니다. 그들은 확신을 얻기 위해 경험, 의식(儀式), 부모, 혹은 목사를 의지하고자 합니다. 그러나 성경은 구원에 대해서만 말하고 있는 것이 아니라, 우리가 어디서 구원의 확신을 찾아야 하는지에 대해서도 말해 주고 있습니다.

성경에서는 구원의 확신이 기본적으로 하나님의 성품과 예수 그리스도의 사역과, 그리고 하나님의 약속이 진실이라는 사실에 의존해야 한다고 말해 줍니다.

이것 외에, 로마서 8:16에서는 구원의 확신을, 부분적으로는 성령께서 우리 그리스도인들로 하여금 자기가 하나님의 자녀라는 사실을 확신하도록 우리 안에서 역사하시는 것을 통해 경험할 수 있다고 말합니다.

비록 이 경험이 그리스도인에게는 귀중하며 성경적임에도 불구하고 때로 이로 인하여 문제가 생기기도 합니다. 기본적으로 이러한 형태의 확신은 내적이며, 주관적이고, 또한 개인적이기 때문입니다. 우리는 성령의 음성을 들었다고 스스로를 속이기가 너무 쉽기 때문입니다. 또한 어떤 그리스도인의 경우에는, 예를 들어 우울한 기질을 가지고 있거나 아니면 사람들로부터 사랑을 충분히 경험해 보지 못한 사람의 경우에는, 그들에 대한 하나님의 사랑을 확신시켜 주는 성령의 음성을 자기가 진정으로 들었는지 의심할 수 있습니다. 그래서 성경에서는 또 다른 확신의 자원에 대하여 말해 줍니다.

구원의 확신은, 성경에서 말해 주는, 구원에 뒤따르는 행동이나 태도가 드러날 때 경험할 수도 있다

만약 당신이 구원에 대하여 염려가 된다면, 성경 중에서 당신이 읽고 또 읽어야 할 부분은 요한일서입니다. 앞에서 보았듯이, 이 편지의 작성 목적은 믿는 사람들로 하여금 구원의 확신을 얻도록 도와주기 위함입니다. "내가 하나님의 아들의 이름을 믿는 너희에게 이것을 쓴 것은 너희로 하여금 너희에게 영생이 있음을 알게 하려 함이라"(요한일서 5:13). 요한일서에서 우리는 오직 그리스도인에게만 나타나는 10가지 태도와 행동을 찾아볼 수 있습니다. 만약 당신이 하늘나라에 들어갈 수 있는지를 알기 원한다면, 이러한 진정한 믿음의 증거들에 비추어 당신을 살펴보기 바랍니다.

다른 신자들과 그리스도인의 삶을 친밀하게 나누고 있는가?
요한일서 1:6-7에 나옵니다. "만일 우리가 하나님과 사귐이 있다 하고 어두운 가운데 행하면 거짓말을 하고 진리를 행치 아니함이거니와, 저가 빛 가운데 계신 것같이 우리도 빛 가운데 행하면 우리가 서로 사귐이 있고, 그 아들 예수의 피가 우리를 모든 죄에서 깨끗하게 하실 것이요." 7절을 유의해서 보십시오. 만약 우리가 빛 가운데서 하나님과 함께 행하면 두 가지가 우리에게 사실이라고 말합니다. 두 번째 것은 우리의 모든 죄가 깨끗하게 되었다는 것입니다. 그러나 이것 이전에 "우리가 서로 사귐이 있고"라는 말이 나옵니다. 하나님과 동행하며 죄를 사함받은 사람의 한 가지 특징은 다른 그리스도인들과 교제가 있다는 점입니다.

"교제"라는 말은 헬라어의 "코이노니아"에서 나왔습니다. 그 의미는 "함께 나눈다"라는 것입니다. 그리스도를 따르는 자들에게 이는 그리스도인 삶에 대하여 다른 그리스도인들과 나누며, 그들과 함께 그리스도인의 삶을 산다는 것을 의미합니다. 여기에는 함께 기도를 하며, 성경 공부를 하며, 주님의 일을 하며, 이런 것들 및 자신의 영적인 삶을 나누며 또한 함께 토의하는 것이 포함됩니다. 영적 삶에서의 성공과 실패를 나누며, 영적인 통찰력과 생각을 말하고, 서로에게 하나님과 어떻게 동행하고 있는지를 묻고 격려하는 것도 포함됩니다.

당신의 삶에 포함되고 있는 것들입니까? 만약 성경과 그리스도인의 삶에 대한 통찰력을 나누기를 즐긴다면, 그리고 그리스도의 은혜 안에서 자라며, 그리스도와 더욱 가까워지고, 더욱 그리스도께 순종하는 삶을 살기 위하여 다른 그리스도인들에게 적극적으로 배우기를 원하고 있다면, 당신은 믿는 사람입니다.

불신자는 분명 이렇게 하지 않을 것입니다. 오히려 그들은 개인의 믿음이 얼마나 사적인가를 강조하려고 할 것입니다. 그들은 한 개인과 하나님과의 관계는 너무나 사적이고 개인적인 문제여서 공개적으로 토의하는 것은 옳지 않다고 믿습니다. 대화의 주제도 일, 스포츠, 자녀, 혹은 취미 쪽으로 기울지, 그리스도인의 삶이나, 성경이 우리의 일상 생활의 주제들과 어떻게 연관되는지에 대해서는 관심이 없습니다.

하나님의 말씀과 그분의 사랑을 거역하는 죄를 저질렀다는 것을 깊이 깨닫고 있는가?

사도 요한은 요한일서 1:8, 10에서 다음과 같이 기록하고 있습니다. "만일 우리가 죄 없다 하면 스스로 속이고 또 진리가 우리 속에 있지 아니할 것이요… 만일 우리가 범죄하지 아니하였다 하면 하나님을 거짓말하는 자로 만드는 것이니, 또한 그의 말씀이 우리 속에 있지 아니하니라."

누구나 자신이 완전하지 않다는 것을 인정할 것입니다. 그러나 그것이 이 구절이 의미하는 바는 아닙니다. 이 구절은 우리가 때때로 잘못을 행해 왔다는 것을 단지 인정하는 것 그 이상을 말하고 있습니다. 성장하는 그리스도인은 어떤 것을 하든 그 속에 나타나는 자기의 죄를 볼 수 있습니다. 그들은 만약 죄가 푸른색이라면 그들이 말하고 행동하고 생각하는 것에는 모두 푸른색 그림자가 드리운다는 것을 알고 있습니다.

그들은 자기들이 최선을 다하고 헌신적으로 섬길 때도 자신의 마음속에 이기적인 태도가 있다는 것을 알아챕니다. 그리스도를 닮은 행동을 할 때도 자신의 생각은 죄악 되다는 것을 인식합니다. 겉으로는 선행을 하며 빛 된 삶을 살지만 내면에는 여전히 죄의 어두움이 깔려 있다는 것을 알고 있습니다. 뿐만 아니라, 그들이 예수 그리스도와 가장 친밀한 교제 가운데 있고, 그리스도를 닮은 삶을 살고 있을 때라도 여전히 죄가 진흙탕물처럼 뿌려져 있다는 것을 알고 있습니다.

이는 성령께서 그리스도인 안에 거하고 계시기 때문에 느끼는 것들입니다. 계시하시는 성령께서는 그들에게 하나님의 순전한 법을 점차 조명하여 주십니다. 그리고 그들은 말씀대로 살지 못하는 것에 대하여 점점 더 알아 가게 됩니다. 증거하시는 성령께서는 그들의 죄가 단순히 인간적인 실패 그 이상임을 보여 주십니다. 이는 하나님의 사랑과 그분의 말씀에 대한 반역입니다. 하나님을 영화롭게 하시는 성령께서는 그들에게 거룩하신 하나님의 성품을 점차로 알아가게 해주십니다. 그리하여 그들이 얼마나 하나님의 영광에서 멀어져 있는가를 발견하도록 합니다.

리차드 백스터는 영국의 청교도로서 번연과 동시대의 사람인데, 하늘나라에 대한 책을 하나 썼습니다. 유명한 책으로서 아직도 발간되고 있습니다. 하늘나라에 확실히 들어갈 수 있느냐는 주제도 다루고 있는 이 책은 성도의 영원한 안식이라는 제목이 붙어 있습니다. 이 책에서 그는 구원의 증거로서 죄에 대한 깨달음을 제시합니다. "내 생각에는, 은혜의 다른 증거들을 전부 언급한다 해도,… 그 모든 것들의 생명과 진실성은 이 하나에 담겨 있습니다." 성령께서 당신에게 죄란 하나님의 계시된 말씀을 어기는 것임을 보여 주십니까? 당신이 죄를 지을 때, 잘못을 해서 벌받을 것이 두려워서가 아니라, 아버지를 실망시켜 드렸다는 생각이 들어 몹시 슬퍼하며 마음 아파하는 자녀들과 같은 심정을 느끼십니까? 만약 그렇다면 당신은 그리스도인입니다. 이상하게 보이지만, 죄를 심각하게 느끼는 사람은 바로 죄사함을 확실히 받은 경험을 한 사람입니다(누가복음 7:36-50, 특히 47절 참조. 디모데전서 1:13-15).

마음을 다하여 하나님의 말씀에 순종하고 있는가?

요한일서에서는 이러한 증거에 대하여 자주 언급합니다. 아마도 2:3-5에 나오는 것이 가장 명쾌할 것입니다. "우리가 그의 계명을 지키면 이로써 우리가 저를 아는 줄로 알 것이요, 저를 아노라 하고 그의 계명을 지키지 아니하는 자는 거짓말하는 자요 진리가 그 속에 있지 아니하되, 누구든지 그의 말씀을 지키는 자는 하나님의 사랑이 참으로 그 속에서 온전케 되었나니, 이로써 우리가 저 안에 있는 줄을 아노라."

한 여인이 자기 친척이 죽었다고 했습니다. 나는 그가 그리스도인이냐고 물었습니다. 그 여인은 "그래요. 그는 신앙 고백을 했으며, 일곱 살에 세례를 받았어요. 그 후에는 교회에 나가거나 성경을 읽지는 않았지만 나는 그가 그리스도인이라고 확신합니다"라고 대답했습니다. 이 구절에 비추어 보면 그러한 주장은 얼토당토않습니다. 우리가 주님의 계명을 지키면 주님을 알고 있는 것입니다. 예수 그리스도 외에는 그 어느 누구도 하나님의 말씀에 지속적으로 완벽하게 순종한 사람은 없습니다. 그럼에도 불구하고 하나님의 말씀에 대한 순종은 예수님을 따르는 제자의 삶의 모습입니다. 누구든지 "그의 계명을 지키지 아니하는 자는" 거짓말하는 자며, 거듭났다고 하는 말도 거짓입니다.

그리스도를 믿는 것이 의도적인 결정이듯이 하나님의 말씀에 순종하는 것도 마찬가지입니다. 여기서 사도 요한이 말하고 있는바 순종은 우연히 혹은 무의식 중에 되어지는 것이 아닙니다. 그리스도를 아는 사람들은 목적도 없이 그냥 살지는 않으며, 주님께 의도적으로 순종합니다. 그들은 하나님의 말씀을 배우며, 이에 순종하기 시작합니다. 때때로 실패하기도 하지만, 그들은 지속적으로 순종의 삶을 살고자 노력합니다.

나는 새로 믿은 사람들이 하나님께 순종하는 것에 대해 이야기하는 것을 듣곤 합니다. 그들은 자기들이 오랫동안 행해 왔던 것(혹은 행치 않았던 것)이 하나님의 말씀에 어긋나는 것임을 깨닫게 된 경위를 말하며, 이제는 의도적으로 순종하고 있다고 합니다. 또는 어떤 상황에서 하나님의 뜻에 순종하기 간절히 원하지만 무엇이 하나님의 뜻인지 알 수가 없다고 하는 경우도 있습니다. 하나님께 순종하기 위해 관심을 기울이는 것은 진정한 그리스도인의 특징이나, 아무렇게나 사는 것은 그리스도를 모르는 사람들의 특징입니다.

당신은 하나님의 말씀을 사랑하며 그 말씀에 순종하고픈 강한 열망이 있습니까? 성경에서 당신이 깨닫게 된 것을 실행하기 위하여 의도적으로 마음을 다하여 노력하고 있습니까? 그렇다면 요한일서의 말씀대로, 당신은 하나님을 알고 있는 줄로 아십시오.

세상과 세상의 방식을 싫어하고 있는가?

요한일서 2:15을 보십시오. "이 세상이나 세상에 있는 것들을 사랑치 말라. 누구든지 세상을 사랑하면 아버지의 사랑이 그 속에 있지 아니하니." 여기서 "세상"이라고 한 것은 하나님께서 창조하신 세계가 아니라 이 세상의 체계입니다. 바로 하나님이 없는 세상이며, 세상을 특징 짓는 불경건하고 죄악 된 생활 방식과 여러 가지 것들입니다.

불신자들은 세상을 사랑하며, 이에 집착합니다. 왜냐하면 그들은 세상만을 알고 있으며 세상 것만 가지고 있기 때문입니다. 그리고 그들이 이 세상에 영원히 머무르지는 못할 것을 깨달아 갈수록 그들은 더욱더 세상에 몰입하며 거기서 무엇인가 의미를 찾으며 소망과 기쁨과 만족을 얻고자 합니다. 물론 그들은 세상이 자기들의 마음에 있는 빈 곳을 채울 수 없다는 것을 발견합니다. 그럼에도 지속적으로 세상에 매달리는데, 이는 그 외에는 다른 방도가 없기 때문입니다. 유일한 대안은 바로 그리스도께 나아오는 것입니다.

계속 만족을 얻지 못함에도 불구하고 세상적인 사람들, 즉 불신자들은 세상을 참으로 사랑합니다. 그들은 하나님과 무관한 것들을 아주 사랑합니다. 이런 것들은 고상해 보이고 세련된 것도 있고, 혹은 저속하고 추잡한 것도 있지만, 모두 다 하나님을 의식하지 않고 추구하는 것들입니다. 불신자들은 스포츠, 성, 돈, 재산, 일, 여행, 휴가, 자녀, 취미, 텔레비전, 강습, 컴퓨터, 예술, 손자 손녀, 수집, 독서, 음악, 쇼핑, 혹은 수많은 다른 것들을 하나님보다 더 사랑합니다. 세상 사람들에게는 교회와 하나님의 것들은 가장 싫증나고 지겨운 것들입니다. 아니면, 기껏해야 다른 어떤 것보다도 의미가 없는 것들입니다. 그리고 세상에 속한 사람은 자기들이 신나하고 좋아하는 것들에 우리 그리스도인들이 흥미를 가지지 않는 것이 이해가 되지 않습니다(베드로전서 4:3-4 참조).

그러나 그리스도인은 영적으로 성장할수록 이 세상 것들 속에서는 편안함을 느끼지 못합니다. 동시에 영원한 본향인 천국에 대한

구원의 증거

소망이 더욱 커져 갑니다. 그곳이야말로 진정한 안식처이기 때문입니다.

주님의 재림을 사모하며, 그분과 같이 되기를 열망하는가?
요한은 요한일서 3:2-3에서 예수님의 재림에 대하여 언급합니다. "사랑하는 자들아, 우리가 지금은 하나님의 자녀라. 장래에 어떻게 될 것은 아직 나타나지 아니하였으나, 그가 나타내심이 되면 우리가 그와 같을 줄을 아는 것은, 그의 계신 그대로 볼 것을 인함이니, 주를 향하여 이 소망을 가진 자마다 그의 깨끗하심과 같이 자기를 깨끗하게 하느니라."

그리스도인들은 예수님께서 다시 오시겠다는 그분의 약속을 성취할 날을 간절히 기다립니다(마태복음 24장, 26:64, 요한복음 14:3). 그리스도를 아는 사람은 "주님께서 오늘 오셨으면 좋겠다"라고 종종 생각합니다. 영광스런 본향을 상상해 보며, 자기가 그곳에서 영원을 보낼 것을 기대합니다. 그리스도인들은 예수 그리스도께서 다스리실 "새 하늘과 새 땅"에서의 삶이 어떤 것일지 마음속으로 그려 봅니다(요한계시록 21:1). 결혼식날을 기다리는 신부와 같이, 그리스도의 신부인 교회에 속한 사람들은 예수님께서 다시 오셔서 함께 하게 될 날을 기대감을 가지고 기다립니다.

신자들이 그리스도를 기다리는 이유 중의 하나는 "그와 같이" 될 것이기 때문입니다. 그때에 "우리가…순식간에 홀연히 다 변화하리니"라고 성경에 기록되어 있습니다(고린도전서 15:51). 같은 장에서는 하나님의 자녀들에게 새롭게 주어질 썩지 않고, 영광스럽고, 강하고, 신령한 몸에 대하여 말하고 있습니다. 이와 더불어 그리스도인이 싸우고 있는 죄의 존재로부터 완전하고도 최종적인 구원이 이루어질 것입니다.

요한일서 3:3에 의하면, 그리스도의 재림을 사모하는 사람은 "그의 깨끗하심과 같이 자기를 깨끗하게 합니다." 영적으로 어렸을 때 나는 내가 하고 있는 것들 가운데서 예수님께서 다시 오셔서 보시면 수치스럽게 느껴질 것은 하지 말아야 한다는 말을 들은 것이 기억납니다. 이러한 말은 오늘날엔 고리타분하게 들릴 것입니다. 나는 오랫동안 그런 말을 들어보지 못했습니다. 물론 주님께서는 재림하실 때뿐만 아니라 지금 현재도 우리가 무엇을 하고 있으며 어떤 잘못을 하고 있는지 아십니다. 그렇지만 주님 오실 날 수치를 두려워하는 이러한 태도는 남녀노소를 불문하고 그리스도인의 마음의 기본 자세가 되어야 합니다.

때때로 구름을 바라보며 예수 그리스도께서 영광 중에 오실 것을 그려 봅니까? 주님의 빛나는 얼굴을 보게 되며 주님과 같은 형상으로 변화될 것에 경이감을 느낀 적이 있습니까? 더 이상 죄된 생각도 하지 않고 죄된 행동도 하지 않는 것이 어떤 것일까를 진지하게 생각해 본 적이 있습니까? 만약 있다면 안심하십시오. 왜냐하면 불신자들은 이러한 것에 대하여 진지하게 생각하는 경우가 거의 없기 때문입니다. 이러한 것은 그리스도인들이 꿈꾸는 것들입니다.

습관적으로 의를 더 많이 행하고 죄를 덜 행하는가?

요한은 요한일서 3:7-8, 10에서 이를 분명하게 말합니다.

> 자녀들아, 아무도 너희를 미혹하지 못하게 하라. 의를 행하는 자는 그의 의로우심과 같이 의롭고, 죄를 짓는 자는 마귀에게 속하나니, 마귀는 처음부터 범죄함이니라. 하나님의 아들이 나타나신 것은 마귀의 일을 멸하려 하심이니라. 이러므로 하나님의 자녀들과 마귀의 자녀들이 나타나

나니, 무릇 의를 행치 아니하는 자나 또는 그 형제를 사랑
치 아니하는 자는 하나님께 속하지 아니하니라.

　사람들마다 자기가 생각하기에 옳은 일을 하기도 하고, 자기 생각에 옳지 않은 일도 하기 마련입니다. 따라서 자기 생각에 의롭게 보이는 것을 행하기 때문에 자기들이 의롭다고 믿는 경우가 흔합니다. 그러나 이 구절들의 초점은 '행한다'라는 단어에 있습니다. 그 단어는 언제나 현재형으로 쓰였습니다. 바로 습관적이거나 정형화된 행동을 가리키는 것입니다. 따라서 "의를 행하는 자는 의롭고"라는 말은 그리스도인이라면 절대로 죄된 행동을 하지 않는다는 의미가 아닙니다. 대신에 그리스도인은 그의 생애를 통해 의로운 것을 더욱 행하고, 죄는 점차 덜 짓는 사람이라는 것을 의미합니다.

　이러한 삶의 변화는 그리스도인 스스로의 결심으로 되는 것이 아닙니다. 오직 그리스도의 역사와 내주하시는 성령의 능력으로 가능합니다. "우리 옛사람이 예수와 함께 십자가에 못박힌 것은 죄의 몸이 멸하여 다시는 우리가 죄에게 종노릇하지 아니하려 함이니"라고 바울은 로마서 6:6에 기록하고 있습니다. 한 사람이 거듭나면, 그는 즉시로 죄의 형벌에서 벗어나며, 그를 종으로 삼는 죄의 능력은 타파되어 그의 삶을 사로잡는 힘이 점차 약해집니다. 그가 죽거나 주님께서 다시 오실 때까지는 죄의 존재로부터 완전하게 해방되지는 못하겠지만, 그러나 주님께 순종하려는 전반적인 경향은 하나님의 자녀에게 늘 있게 됩니다.

　목사이며 저술가인 존 맥아더는 "의를 행하지만" 자주 죄를 짓는 그리스도인과 죄짓기를 일삼는 불신자의 차이를 다음과 같이 설명합니다.

나는 때때로 자기의 죄악 되거나 옳지 않은 습관을 극복하지 못해 자신의 구원에 대하여 의심을 하는 그리스도인들의 염려 섞인 편지를 받곤 합니다. 대개는 흡연, 과식, 혹은 수음과 같은 것들로 말미암은 것입니다. 그러한 일로 갈등하는 것이 죄의 틀에 매여 있다는 것을 의미한다고 생각하여 두려움을 느끼는 것입니다. 그러나 요한은 삶에서 어떤 특정한 죄를 반복해서 짓는 사람은 구원받지 못한 사람이라고 말하고 있는 것은 아닙니다. 하나님의 권위를 무시하는 사람은 하나님께서 자기의 습관에 대하여 어떻게 생각하실지에 대하여 전혀 개의치 않습니다. 이러한 사람은 분명 그리스도인이 아닙니다. 그러나 그리스도인은 하나님과의 관계에 있어서 이와는 전혀 다른 모습을 보입니다.…진정한 그리스도인도 여전히 죄를 지을 수 있습니다. 그리고 그것도 자주 그렇게 할 수 있습니다. 그러나 죄를 자주 짓는 것이 죄를 일삼는 것과 동일한 것은 아닙니다. 요한일서에서 우리는 진정으로 믿는 사람은 죄를 자주 지을 수 있을지언정 죄를 일삼지는 않는다는 것을 볼 수 있습니다.

만약 당신이 그리스도인인지 알고 싶다면, 당신의 삶을 살펴보십시오. 지난 수년간을 살펴볼 때, 올바른 것을 더욱더 행하고, 죄된 것을 덜 행하는 쪽으로 습관이 변했습니까? 어떤 특정한 영역에서 "나는 이전보다 하나님의 말씀을 따라 사는 면에 진보가 있다. 이전보다는 하나님께서 옳다고 말씀하시는 것을 통상적으로 행하는 데에 진보가 있다. 그리고 나의 삶을 전체적으로 살펴볼 때 이전보다는 죄된 것을 행하는 경향이 줄어들었다"라고 말할 수 있습니까?

구원의 증거

이 말에서는 그리스도인은 무엇을 하지 않는가가 아니라 그리스도인은 무엇을 하는가에 강조를 두고 있다는 사실에 주목하기 바랍니다. 이미 언급했지만, 어떤 사람들은 자기들이 무엇을 행하고 있지 않는가에 근거를 두고 영적으로 안전하다고 생각합니다. 그러나 성경은 확신에 관하여 말할 때, 당신이 "하지 말아야 할 것"의 목록에 무엇이 있느냐에 못지않게 "해야 할 것"의 목록에 무엇이 있느냐에 강조를 두고 있으며, 당신이 싫어하는 것의 목록에 무엇이 있느냐뿐만 아니라 좋아하는 것의 목록에 무엇이 있느냐에도 강조를 두고 있습니다.

따라서, "나는 절대로 교회에 빠지지 않는다"라고 말하는 사람이 있다면, 요한은 그에게 "그러나 당신은 성경 말씀과 기도를 통해 주중에도 개인적으로 하나님을 찾고 있습니까?"라고 질문할 것입니다. 누군가가 "나는 탈세를 하지 않고 있습니다"라고 말할 때, 요한은 "그러나 당신의 드리는 삶은 하나님을 기쁘시게 하고 있습니까?"라고 물을 것입니다. "나는 법을 어기지 않습니다"라고 말하는 사람에게는 "당신은 혀의 올바른 사용과 쓴뿌리를 다루는 것과 다른 사람을 용서하는 것에 대한 하나님의 말씀의 법에 순종하고 있습니까?"라고 물을 것입니다. "나는 외도를 하지 않습니다"라고 말하는 사람에게는 "그러나 당신은 아내를 사랑하는 남편입니까?"라고 물을 것입니다. "나는 직장에 마음대로 결근을 하지 않습니다"라고 말하는 사람에게는 "그러나 당신은 그분의 몸 된 교회를 통해 하나님을 섬기는 일에 충성스럽습니까?"라고 물을 것입니다. "나는 어느 누구도 미워하거나 상처를 주지 않습니다"라고 말하면 "예수님 때문에 당신이 사랑하고 도움을 주고 있는 사람은 누구입니까?"라고 요한은 되물을 것입니다.

당신은 이 두 가지 태도 가운데 어떤 것을 가지고 있습니까? 지난 몇 년 간을 되돌아 볼 때 당신은 올바른 것은 더욱 많이 행하고 죄는 덜 짓는 쪽으로 바뀌었습니까? 그렇다면 당신은 틀림없이 그리스도인일 것입니다.

다른 그리스도인들을 사랑하며 함께 있기 원하는가?
그리스도인의 특징 중에서 요한일서 3:14에 나와 있는 것만큼 과소평가되고 있는 것도 없을 것입니다. "우리가 형제를 사랑함으로 사망에서 옮겨 생명으로 들어간 줄을 알거니와 사랑치 아니하는 자는 사망에 거하느니라."

모든 사람을 사랑하는 것이 진정으로 예수님을 따르는 사람의 특징이어야 하지만, 이 구절에서는 구체적으로 "형제" 즉 그리스도인을 사랑하는 것을 가리키고 있습니다. 그리스도인이라고 하는 사람이 하나님의 가족에 속한 다른 사람을 사랑하지 않는다고 말할 리 없지만, 그러나 요한이 믿는 자에게 요구한 사랑은 그 이상입니다. 이 사랑은 단지 좋아한다든지 혹은 호의를 갖는 것이 아닙니다. 바로 희생적인 사랑입니다.

최소한 사랑으로 말미암아 다른 그리스도인과 함께 있기를 좋아하며 이를 위해서 다른 것을 기꺼이 희생하고자 할 것입니다. 당신에게는 그런 사랑이 있습니까? 그렇다면 하나님의 자녀들이 모여 하나님 아버지를 경배하고, 하나님께 기도하며, 하나님의 말씀을 배우는 자리에 함께하기를 원할 것입니다.

"형제를 사랑하는 것"은 훨씬 그 이상의 것입니다. 그러나 적어도 이 정도는 되어야 합니다. 우리가 서로에게 그리스도의 사랑을 가질 때 가족 안에서 생기는 필요를 채우게 되며, 상처를 입거나 약한 사람들을 돕습니다. 우리는 "즐거워하는 자들로 함께 즐거워하고, 우는 자들로 함께 웁니다"(로마서 12:15). 이렇게 그리스도 안의 가족들을 사랑하려면 우리의 시간을 희생해야 합니다. 그 시작은 물론 하나님의 가족들이 함께 모이기 위하여 시간을 들이는 것입니다.

많은 사람들이 자기가 하나님의 백성들을 사랑하는지에 대하여 착각하고 있습니다. 사랑하지 않으면서도 사랑한다고 생각하는데, 사랑하지 않고 있다는 사실은 다른 형제들을 위해 포기하는 것이 적거나 아주 없는 것으로 증명됩니다. 그들의 "사랑"은 편리함과 안락에 의해 제약을 받습니다. 그러나 진정한 그리스도인의 사랑은 희생이 그 특징이기 때문에 제약이 없고 자유롭습니다.

우리 교회의 한 분은 직장에서 어려움을 겪고 있었고, 집도 이사를 하여 정리가 되지 않았음에도 불구하고, 예고도 없이 우리 집 정원의 잔디를 깎아 주었던 적이 있습니다. 그 덕분에 나는 본서를 쓸 시간을 더 확보하게 되었습니다. 이분은 자기의 특권을 종종 포기할 때가 많으며, 교회 내에서 뿐 아니라 다른 사람들을 위해서도 자기의 안락을 포기하곤 합니다. 이것이 사랑입니다.

물론 그리스도 안의 형제 자매들에게 사랑을 나타내는 데에는 수많은 방법들이 있습니다. 다른 나라에 있는 신자들에게 재정적 도움을 주는 것도 사랑을 표현하는 방법이 될 수 있습니다. 그리스도를 따르는 사람은 필요하다면 자신의 유익이나 기쁨도 기꺼이 포기하며 희생하려고 합니다. 하나님 아버지와 그분의 가족들을 깊이 사랑하기 때문입니다. 당신은 이러한 삶을 살고 있습니까?

당신 안에 성령의 내주로 말미암은 증거가 있습니까?

요한일서 3:24의 후반부와 4:13에서 요한이 기록하고 있는 것을 살펴보십시오. "우리에게 주신 성령으로 말미암아 그가 우리 안에 거하시는 줄을 우리가 아느니라.… 성령을 우리에게 주심으로 우리가 그 안에 거하고 그가 우리 안에 거하시는 줄을 아느니라."

이는 로마서 8:16과 흡사합니다. 그러나 자기 안에서 성령께서 증거하고 있는지를 분별하는 데에 어려움을 느끼는 사람이라도 성령의 내주로 말미암은 열매가 나타나고 있는지는 분별할 수 있어야 합니다. 수액이 나무를 타고 올라가서는 결국에는 틀림없이 열매를 맺는 것처럼 하나님의 영이 사람 안에 거하시면 틀림없이 열매를 맺습니다.

바울은 갈라디아서 5:22-23에서 성령의 열매라 불리는 몇 가지를 기록하고 있습니다. 우리는 그 목록의 첫 번째에 있는 사랑에 대하여 다루었습니다. 그래서 그 다음인 희락에 대하여 살펴보기로 합시다. 당신은 하나님 안에 있는 기쁨을 알고 있습니까? 이는 자기가 그리스도인이라고 말하는 모든 사람들에게 필요한 질문입니다. 아이들이나 청소년이라 할지라도 마찬가지입니다. 나는 그리스도인이라고 주장하는 사람들이라도 하나님을 앎으로 말미암은 순수한 기쁨을 한 번도 누려 보지 못한 것 같은 인상을 주는 사람들을 많이 만나 보았습니다. 그러나 당신이 개인적인 시간이든 혹은 공개적인 예배 시간이든 그러한 경우가 있었다면, 그리고 우리가 믿는 분이 진정으로 하나님이심을 알고 즐거워하는 시간이 있었다면, 혹은 단지 당신이 그분의 소유라는 사실 때문에 즐거워한 적이 있었다면, 이것은 당신이 하나님을 알고 있다는 아주 좋은 증거가 됩니다. 무한하시고 거룩하신 하나님을 진정으로 아는 사람들은 하나님으로 인한 기쁨을 누릴 수밖에 없습니다.

전능하신 하나님의 영이 우리 속에 거하실 때 틀림없이 그분을 드러내실 수밖에 없습니다. 몸 안에 있는 인간의 영 또한 자기를 드러냅니다. 이는 육체를 움직입니다. 몸을 통하여 의사 전달을 합니다. 그리고 몸 안에 생명이 있다는 증거를 제시합니다. 성령께서 어떤 사람 안에 거하실 때도 자신을 드러내실 것입니다. 혹 사람의 마음을 향해 확신에 대하여 증거하실 수도 있고, 그 사람으로 하나님을 더욱 사랑하며 세상을 미워하는 삶을 살도록 할 수도 있고, 그리스도의 재림을 사모하게 할 수도 있으며, 다른 그리스도인을 희생적으로 사랑하도록 만들 수도 있고, 단지 하나님을 생각하는 것만으로도 엄청난 기쁨을 누리게 할 수도 있습니다. 성령께서는 자신이 임재하고 계시다는 증거, 즉 성령의 열매를 주시기도 합니다. 그리고 그리스도인은 이러한 열매 중에 어떤 것을 관찰할 수 있어야 하며, 다음과 같이 말할 수 있어야 합니다. "성령께서 함께하시기 때문이 아니라면 이러한 현상을 설명할 수가 없습니다. 이는 바로 내가 하나님의 자녀라는 것을 의미합니다."

사도들의 가르침을 즐겨 듣습니까?

이 믿음의 증거는 요한일서 4:6에 언급되어 있습니다. "우리는 하나님께 속하였으니 하나님을 아는 자는 우리의 말을 듣고, 하나님께 속하지 아니한 자는 우리의 말을 듣지 아니하나니, 진리의 영과 미혹의 영을 이로써 아느니라."

요한은 교만하지 않은 태도로 자기와 다른 사도들이 하나님께 속했다는, 즉 하나님께로 말미암았다는 사실을 확신 있게 말할 수 있었습니다. 이에 대한 분명한 증거가 있었습니다. 따라서 그는 하나님을 아는 사람이라면 자기와 다른 사도들의 말을 들을 것이고, 하나님께로서 난 사람이 아니면 듣지 않을 것이라는 것을 알았습니다.

사도들은 AD 100년경까지는 모두 죽었고, 그중 요한이 가장 오래 살았습니다. 그렇다면 오늘날 어떤 사람이 그리스도인인지를 아는 데 이 테스트를 어떻게 사용할 수 있겠습니까? 다음과 같이 질문해 보면 될 것입니다. "당신은 사도들의 가르침을 즐겨 듣습니까?" 만약 즐겨 듣는다면 당신은 아마 그리스도인일 것입니다. 내가 "아마"

라는 말을 쓴 것은 사도들의 가르침에 대하여 학문적, 철학적 관심으로만 대하는 사람들이 있기 때문입니다. 그러나 당신이 진정으로 그들의 가르침을 사랑하며 이를 듣고 순종한다면 당신은 그리스도인입니다. 그리고 만약 이러한 것을 듣기 싫어한다면, 이는 당신이 진정한 그리스도인이 아니라는 것을 드러내는 것입니다.

오순절에 새로이 믿은 그리스도인들이 맨 처음으로 한 활동과 느꼈던 열망이 무엇이었는지 주목해 보십시오. "저희가 사도의 가르침을 받아 서로 교제하며 떡을 떼며…"(사도행전 2:42). 아기가 태어나면 먹고자 하듯이 영적으로 거듭난 사람도 영적 양식인 "하나님의 입으로 나오는 모든 말씀"(마태복음 4:4)을 섭취하고자 하는 열망을 가지고 있습니다.

당신은 "…하는 법"에 대한 성경 공부 그 이상을 원하십니까? 이런저런 이야기만을 나열하는 것에 불과한 설교로는 영혼의 허기를 해결하는 데 부족함을 느낍니까? 당신은 성경을 깊이 있게 가르치는 것을 듣고 싶어합니까? 다른 그리스도인들과 장시간 동안 성경을 토의하기를 즐깁니까? 이것들은 좋은 징표입니다. 불신자들에게는 이러한 욕구와 비슷한 것도 없습니다.

성경에서 예수님에 관하여 가르치는 바를 믿습니까?
요한일서 5:1의 상반부를 보십시오. "예수께서 그리스도이심을 믿는 자마다 하나님께로서 난 자니."

구약성경에서는 메시야 즉 그리스도께서 오실 것에 대하여 말하고 있습니다. 신약성경은 예수 그리스도께서 바로 그 메시야 곧 하나님의 기름부음을 받으신 분임을 밝히고 있습니다(마가복음 8:29, 요한복음 1:41, 4:25-26, 로마서 9:5). 예수님은 하나님께서 보내신 유일한 분이십니다. 하나님께서는 자기 백성으로 자기에게로 돌아오도록 하기 위해 예수님을 보내셨습니다. 그리고 예수님께서는 하나님 아버지로부터 받은 사명을 완수하기 위해 필요한 모든 일을 다 행하셨습니다. 예수님께서 말씀하시고 행하신 모든 것은 하나님께서 보내신 메시야로서의 역할을 성취하기 위함이었습니다. 그리스도인은 바로 성경에서 예수님에 대하여 말하는 모든 것을 믿는 사람입니다.

성경은 우리에게 맹목적으로 예수님을 믿으라고 요구하지는 않습니다. 대신에 성경은 예수님을 믿는 데 도움이 되는 여러 증거들을 보여 줍니다. 그중에서 가장 큰 증거는 바로 예수 그리스도께서 죽은 자 가운데서 부활하신 것입니다. 여기서 성경에서 보여 주는 예수님의 부활의 증거들을 다 서술할 수는 없습니다. 예수님이 그리스도이신 것에 대하여 부활보다 더 큰 증거는 없습니다. 혹 예수님의 부활보다 더 강력한 증거를 원합니까? 예를 들어, 하나님께서 하늘에다가 "예수는 나의 아들이다. 그를 믿으라!"라고 영구히 새겨 놓으시면, 사람들이 믿을까요? 아마 그렇게 하신다 해도 사람들은 여전히 믿지 못하고 또 다른 인간적인 설명을 찾으려고 할 것입니다. 만약 하나님께서 하늘의 별들을 배열하여 "예수는 하나님이다"라고 기록해 두셨다면, 사람들은 레이저나 인공 위성 혹은 다른 고도의 기술을 사용한 그리스도인들의 음모라고 하여 거들떠보지도 않을 것입니다. 아니면 순전한 우연의 일치라고 하기도 할 것입니다. 그러나 예수님을 죽은 자 가운데서 일으켜서 다시는 죽지 않게 하신 것은 믿음의 완전한 기초가 됩니다. 그 이상의 확실한 증거는 없습니다. 그리스도의 부활에 대한 예언이 성취됨으로써, 우리는 예수님에 대한 다른 모든 주장과 예수님께서 하신 말씀도 역시 성취될 것이라는 것을 믿을 수 있게 되었습니다. 거기에는 바로 예수님을 믿는 모든 사람들을 천국으로 이끄시겠다는 약속도 포함되어 있습니다.

그리스도인은 예수님을 단지 "위대한 선생" 정도로 믿지는 않습니다. 그는 예수님께서 주장하신 대로 예수님은 "길이요 진리요 생명이며" 예수님을 통하지 않고서는 하나님께로 가는 다른 길이 없다는 것을 믿습니다(요한복음 14:6). 그리스도인은 또한 예수님께서 "만왕의 왕이요 만주의 주"라는 사실을 의심하지 않습니다(요한계시록 19:16).

예수님의 탄생 수세기 전에 기록된 그분에 관한 예언이든, 아니면 그분의 동정녀 탄생, 죄 없는 삶, 기적을 베푸시는 능력, 대속(代贖), 부활, 또는 재림에 관한 말씀이든, 그리스도인은 성경에서 예수님에 관하여 가르치는 것을 전부 그대로 믿습니다.

추가 적용

당신은 구원의 성경적 증거들이 있습니까?

그리스도인은 요한일서에서 보여 주는, 구원받은 자에게 나타나는 모든 증거들에 비추어 자신을 평가해 보아야 합니다. 아마도 어떤 것은 다른 것보다 더욱 명확하게 드러날 것입니다. 그러나 이 목록의 모든 항목과 당신의 삶을 비교하여 보는 것이 필요합니다. 이 증거들 중에서 드러나고 있는 것이 하나도 없다면, 당신의 과거의 영적 경험은 중요하지 않습니다. 그리고 당신이 하나님의 음성이라고 생각하고 있었던 것도 믿을 수 없는 것들입니다.

그러나 이 목록이 당신의 삶을 그려 주고 있다면, 당신은 하나님께서 당신의 아버지이시며, 그리스도께서 당신을 위해 죽으셨고, 당신의 모든 죄는 영원히 사해졌으며, 당신은 영광의 성으로 향해 가고 있다는 것을 굳게 믿어도 좋습니다.

그릇된 추측을 조심하십시오

성령의 증거라는 단락에서도 주의가 필요했듯이, 여기서도 주의할 것이 있습니다. 한쪽 극단으로 치우쳐, 앞서 언급한 구원의 증거들에 비추어 자신을 평가하지 않는 사람들은 그릇된 추측이라는 구덩이에 빠지는 경우가 있습니다. 이들은 오랫동안 교회에 다녔거나, 영적인 일에 대해 이전에 많이 들어 왔거나, 혹은 스스로 선하다고 생각하기 때문에, 자기의 영적 상태를 과대 평가하여, 그리스도인에게 마땅히 드러나야 할 증거들에 비추어 자신을 확증하는 일을 결코 하지 않습니다. 당신 생각에 성령의 내적 증거라고 생각되는 것이 정말 신뢰할 만한 것인지를 확실히 하기 위하여 구원의 증거들에 비추어 스스로 자신을 시험하고 확증하여 보십시오. 구원의 증거들에 비추어 자신을 살펴보는 일을 무시한다면 당신은 크나큰 착각에 빠질 수도 있습니다.

이는 당신 존재에 관한 가장 중요한 문제입니다. 당연시하지 마십시오. "너희가 믿음에 있는가 너희 자신을 시험하고 너희 자신을 확증하라"(고린도후서 13:5).

부당한 자기 정죄에 빠지지 않도록 조심하십시오

또 한편의 극단으로는, 자기를 지나치게 정죄하여 비판적이 되는 것입니다. 당신이 지금까지 본서를 읽어 왔다면, 바로 앞에서 언급한 그 위험보다는 지금 말하고 있는 이 위험에 빠질 가능성이 더 큽니다. 즉 앞에서 말한 구원의 증거들이 모두 흡족할 만큼 드러나며 언제나 눈에 띌 정도로 드러나야만(이는 실제로는 불가능합니다) 구원의 확신을 가질 수 있다고 생각하는 것입니다.

하나님의 말씀을 완전히 다 지키지도 못하고, 세상을 전적으로 미워하지도 않으며, 다른 그리스도인을 사랑하는 데에도 완벽하지 못하고… 기타 등등의 이유로 확신을 갖지 못하고 있습니다. 행위로 구원을 얻으려는 사람처럼 그들은 확신이라는 사다리의 꼭대기에 도달하기 위해 계속 새로운 칸을 찾아내어 올라갑니다. 해도 해도 끝이 없습니다. 자기가 그리스도인이라는 사실을 믿기 위해, 자기가 해야 할 또 다른 일들을 찾아냅니다. 그들은 하나님의 말씀이라는 거울에 자신을 비추어 볼 때, 특히 요한일서를 볼 때, 자기들에게 잘 드러나고 있는 증거들보다는 드러나고 있지 않은 증거들만 찾습니다. 현재 드러나고 있는 것이 무엇인가보다는 항상 현재 부족한 것이 무엇인가에만 집착합니다.

그러나 성경은 그러한 증거들의 완벽성을 요구하는 것이 아니라, 그 증거들의 존재를 요구합니다. 그 증거들이 있는가 하는 것입니다. 꽃봉오리도 역시 꽃입니다. 비록 그 증거가 되는 항목에서 완전히 성숙되지는 않았지만, 그렇게 되기를 원하는 열망(그리고 미성숙을 한탄하는 마음)은 오직 그리스도를 믿는 자에게만 있습니다. 성령께서는 먼저 우리의 관심을 변화시키시며, 그 다음에 우리의 행동에 변화를 가져옵니다. 만약 요한일서에서 살펴본 그리스도인의 특징들에 당신의 마음이 끌린다면, 그리고 이런 것들이 당신의 삶에 나타나기를 원한다면, 당신 안에서 하나님께서 역사하고 계심을 믿을 수 있습니다.

하나님의 수준대로 살 수 없는 당신의 연약함을 안타까워하는 것도 좋은 증거입니다. 주님을 따르는 데 실패하여 낙담해 본 적이 없다면, 아마도 회심하지 않았거나 자신의 삶을 진지하게 돌아보지 않았기 때문일 것입니다. 이러한 의미에서, 당신의 실망은 당신이 영적 생명을 가지고 있다는 또 다른 증거가 될 수 있습니다. 유명한 청교도 신학자 존 오웬은 다음과 같은 말을 했습니다. "자기 안에 있는 죄를 큰 짐이요 슬픔이요 골칫거리로 여기지 않고서 진정한 신자가 된다는 것은 이해할 수 없습니다." 그러한 실망이 또한, 당신이 해야 할 일을 해서 구원받은 것이 아니라 오직 그리스도를 믿음으로 구원받았다는 사실을 기억하는 데에 도움이 되도록 해야 합니다. 비록 연약한 믿음을 가지고 있다 할지라도, 복음을 단순하게 이해하고 예수 그리스도를 믿고 의뢰하는 사람에게는 구원이 있습니다. 자기를 시험하고 확증하는 데 있어서 지나치게 엄격하여, 죄인을 구원하시는 그리스도의 능력과 십자가를 보지 못하는 일이 없도록 해야 합니다.

물론 존 번연의 말이 옳습니다. 진정한 영광의 성이 있으며, 그것은 천국이라고 부릅니다. 어느 날 당신은 그 성문 앞에 설 것입니다. 당신이 거기에 서 있는 장면을 한번 상상해 보십시오. 그것은 당신의 삶에서 가장 엄숙한 순간이 될 것입니다. 이 순간을 위한 모든 준비는 이미 끝났습니다. 다시 한번 준비할 수 있는 기회는 결코 없습니다.

그 문 앞에 서야 할 날이 분명히 올 것입니다. 그때 그 문이 열리기를 간절히 바라며 기다리고 있을 때, 당신을 위해 그 문이 열리겠습니까? 어떻게 압니까? 당신은 알 수 있습니다. 당신은 알고 있습니까? 만약 당신에게 문이 열리지 않을 것을 안다면, 회개하고, 당신을 위해 문을 열어 주실 수 있는 유일한 분이신 예수님을 믿어야 합니다.

그 문이 열리기를 바라지만 그럴지에 대해서 확신이 없다면, 하나님께서 당신의 영적 상태를 당신에게 가르쳐 주실 때까지 이 장에 소개된 성경 말씀을 묵상하며 기도하십시오.

만약 그 문이 당신을 위해 확실히 열릴 것을 믿는다면, 그리고 그 이유도 확실히 알고 있다면, 하나님께 감사하고 찬양하십시오.

그리고 당신의 이름이 하늘에 기록되었다는, 세상에서 가장 영광스러운 소식으로 인하여 즐거워하십시오.

제 6 장

영적 사고 방식

"영적 사고 방식"을 가진 사람은 하나님께로 난 사람입니다.…
그리고 하나님을 즐거워하게 될 것입니다.
— 존 오웬

"**날**아갑니다! 수비수가 뒤로 뒤로 물러납니다! 홈런일까요? 계속 날아갑니다. 네, 홈런, 홈런,… 홈런입니다! 만루 홈런! 믿기지 않습니다! 월드 시리즈 사상 가장 극적이고 가장 멋진 마무리입니다!"

나는 이미 헬멧을 벗어던지고 1루를 돌아 2루로 향해 달리고 있었습니다. 장내 아나운서는 "카디날스 팀이 월드 시리즈 챔피언입니다!"라고 말했습니다. 야구 드라마의 절정이었습니다. 9회말 투 아웃 만루에 볼 카운트는 투 스트라이크 쓰리 볼이었습니다. 월드 시리즈의 마지막 경기였는데 우리 팀이 3점을 지고 있었습니다. 나는 타석으로 나아가면서, 긴장한 타자가 흔히 하는 모든 행동을 다 했습니다. 불필요한 것도 말입니다. 신고 있는 스파이크에서 흙먼지를 떨어내고, 방망이를 두 손으로 잡고는 머리 뒤로 돌리고는 몸통을 좌우로 재빨리 두 차례 돌렸으며, 스윙 연습을 한 번 더 하고, 헬멧을 고쳐 쓰기도 하고, 숨을 깊게 들이키고는 "루이스빌 강타자"라는 라벨이 잘 보이게 했습니다. 타석에 들어서서는 오른쪽 발뒤꿈치로 땅을 고르고, 방망이로 홈플레이트의 바깥 구석을 두드렸습니다.

이전에는 그렇게 정신을 집중해 본 적이 없었습니다. 집중하기가 그렇게 어려운 줄도 미처 몰랐습니다. 투수 글러브를 뚫어지게 바라보면서 나는 속으로 "절대로 나쁜 공에는 손을 대지 말아야지"라고 다짐했습니다. "그렇지만 비슷한 공이 오면 무조건 때려야 돼. 무슨 일이 있더라도 스트라이크 아웃은 당하지 말아야 돼!" 스타디움에 모인 5만의 관중은 모두 일어서서 환호성을 지르고 있었습니다. 1억이 넘는 사람들이 텔레비전을 통해 지켜보고 있었습니다. 그들은 살아가면서 두고두고 이 경기의 마지막 5초 동안 보았던 것을 화제로 삼을지도 모릅니다. 그들의 후손들에게도 내가 이 투구(投球)에 대하여 어떻게 했는지를 이야기해 줄지도 모릅니다.

드디어 그 순간이 왔습니다. 때려도 좋다는 느낌이 들었습니다. 스윙은 거의 무의식적으로 이루어졌습니다. 딱 소리가 나무 방망이에서 났습니다. 그리고 나의 이름은 세간에 널리 알려졌습니다.

만약 당신이 빠른 볼을 잘 때려 본 경험이 있다면, 그 순간 세상이 얼마나 신비하게 바뀌는지 알 수 있을 것입니다. 내가 3루에 가기도 전에 관중들이 펜스를 넘어 멍하게 서 있는 경찰들을 따돌리고 내게로 달려오고 있었습니다. 마치 나에게 맨 먼저 오는 사람에게 100만 달러의 상금이라도 걸려 있는 것처럼 말입니다. 관중들을 헤치면서 나는 홈플레이트를 밟았습니다. 그 다음엔 홈플레이트에서 껑충 뛰며 환호성을 지른 뒤 기다리던 팀 동료에게 몸을 던졌습니다. 달려 나온 동료들은 나를 떠받들어 헹가래를 쳤습니다. 최초의 흥분이 가라앉자 우리는 서로 부둥켜안고 세 살짜리 어린아이처럼 팔짝팔짝 뛰며 기뻐하였습니다. 그리고 나서 나는 두 동료의 어깨 위에 실려 하늘로 높이 들렸습니다. 관중들은 더욱 크게 함성을 질렀습니다.

구원의 확신

몇 차례 경험하면 이러한 일에도 익숙해져서 감동이 덜할 것이라고 생각하겠지만, 나는 그렇지 않았습니다. 내가 처음으로 이러한 홈런을 친 것은 여섯 살 때였습니다. 그럼에도 나는 앞서 소개한 그때의 흥분을 절대로 잊을 수 없습니다. 심지어 다른 수천 번의 월드 시리즈에서 수천 번의 만루 홈런을 때렸다 할지라도 말입니다.

물론 이와 비슷하게 흥분되는 상황이 있다는 것을 알고 있습니다. 미식 축구 수퍼 보울 결승에서 수십 미터를 달려 믿을 수 없는 터치다운을 성공시킴으로써 역전한 것도 마찬가지로 굉장합니다. 마지막 1초를 남겨 두고 20미터도 훨씬 더 되는 곳에서 슛을 성공시켜 NCAA와 NBA의 우승을 따낸 것도 정말 짜릿한 감동입니다.

뭐라구요? 한 번도 본 적이 없다구요? 물론 나는 여러 차례 보았습니다.

우리는 어린 시절부터 흥분의 도가니에 빠지는 꿈을 꾸곤 합니다. 멀리 있는 친척이 수백 만 달러의 유산을 남겼을 때 어떻게 할 것인지, 어디에 살고, 어떤 집을 짓고, 어떤 차를 몰며, 어디로 여행을 할 것인지를 생각하며 흥분합니다.

어쩌면 전쟁 영웅이 되거나, 멋진 발레리나, 혹은 아름다운 올림픽 피겨 스케이팅 선수가 되는 꿈일 수도 있습니다. 유명한 가수나 음악가, 혹은 능수능란한 기술자가 되거나, 아니면 "그 후에 오래오래 행복하게 살았습니다"라고 되어 있는 동화 속의 주인공처럼 사는 것을 생각해 보았을지도 모릅니다. 때로는 유창한 연사, 일류 제트 전투기 조종사, 혹은 바쁜 일에서 벗어나 호숫가에서 조용히 안빈낙도(安貧樂道) 하는 삶을 생각해 보기도 했을 것입니다.

또한 틀림없이 하늘나라에서 어떻게 살게 될지에 대해서도 꿈꾸어 보았을 것입니다. 지옥의 공포가 어떤 것인지에 대해서도 생각해 보았을 것입니다. 죄악 된 것이긴 해도, 아무런 제한이나 책임 없이 쾌락을 추구하는 것을 생각해 보기도 했을 것입니다.

당신이 상상한 모든 장면 중에서 가장 신나는 것은 무엇입니까? 당신의 마음을 가장 사로잡고 흥미진진하게 만들었던 꿈은 무엇입니까? 그리스도인이라면 하늘나라에서 하나님과 함께 있는 것, 그리고 온전케 되어 죄 없는 삶을 사는 것에 대한 꿈일 것입니다. 비록 그리스도인도 세상의 것, 어떤 때는 죄악 된 것을 꿈꾸지만, 그러나 영적인 것들과 하나님의 것들에 대한 생각에 가장 자주 빠지곤 할 것입니다.

그러나 모든 사람에게 다 그런 것은 아닙니다. 불신자들은 자기가 어떤 죄에 탐닉하는 꿈을 꿀 것입니다. 불신자들이 꿈꾸는 것 중 가장 매력적인 것은 아무런 제약이나 법적인 구속 없이, 그리고 궁극적으로는 하나님을 의식하지 않고 죄악 된 것에 몰입하는 것입니다.

이것이 바로 로마서 8:5에서 말하고 있는 그리스도인과 불신자의 차이입니다. "육신을 좇는 자는 육신의 일을, 영을 좇는 자는 영의 일을 생각하나니."

여기서는 오직 두 종류의 사람만을 말하고 있습니다. "육신을 좇는 자"란, 그리스도인이기는 하지만 "영을 좇는 자"보다는 덜 영적인 그리스도인을 말하는 것이 아닙니다. 4절에서 8절까지, 오직 두 종류만을 제시하고 있습니다. 영을 좇아 사는 그리스도인과 육신을 좇아 사는 불신자입니다.

성령을 좇는 사람은 성령의 일을 생각합니다. 성령의 일을 생각한다는 것은 성령께서 원하시는 것을 생각한다는 뜻입니다. 그는 "영적(靈的)" 사고 방식을 가지고 있습니다. 불신자가 보이지 아니하는 영(靈)의 세계에 대해 생각한다고 해서 영적 사고 방식을 가지고 있다고 말할 수는 없습니다. "영의 일을 생각한다"는 것은 하나님의 것들로 향하는 마음을 갖는 것을 의미합니다. 이 장에서 나는 영적 사고 방식이라는 용어를 사용하기 원합니다. 먼저 당신에게 사용해 보겠습니다. "당신은 영적 사고 방식을 가졌습니까?" 이 질문은 다음과 같은 이유 때문에 매우 중요합니다.

영적 사고 방식을 가진 사람만이 그리스도인이다

로마서 8:5은 당신의 생각이 어디에 고정되어 있느냐가 당신의 영적 상태를 보여 준다는 것을 가르쳐 줍니다. 다른 말로 하면, 당신이 어떤 생각을 하고 있느냐가 당신의 영혼의 상태를 보여 준다는 말입니다. 만약 당신의 마음이 영적인 것들과 하늘나라의 것들에 고정되기보다는 죄악 되고 세상적인 것에 고정되어 있다면, 당신은 영적으로 죽어 있으며 그리스도인이 아닙니다.

빌립보서 3:18-19에서도 동일한 내용을 말하고 있습니다. "내가 여러 번 너희에게 말하였거니와 이제도 눈물을 흘리며 말하노니, 여러 사람들이 그리스도 십자가의 원수로 행하느니라. 저희의 마침은 멸망이요, 저희의 신은 배요, 그 영광은 저희의 부끄러움에 있고, 땅의 일을 생각하는 자라."

그러므로 우리는 두 종류 중 어느 하나에 반드시 속합니다. 죄악된 본성에 속한 것들과 세상에 속한 것들을 생각하는 불신자이거나, 아니면 성령의 일들을 생각하는 그리스도인입니다.

물론 각 그룹에 속한 사람들의 수준은 여러 가지일 것입니다. 죄악 된 본성을 따라 탐욕스럽게 살아가는 불신자가 있는 반면, 도덕적이며 다른 사람에게 존경을 받지만, 그들의 도덕성에도 불구하고 하나님의 성령을 따라 살지는 않는 불신자도 있을 것입니다.

한편, 삶의 모든 영역에서 그리스도를 따르는 데에 우선 순위를 두며 사는 그리스도인이 있는가 하면, "이전 삶으로 돌아갔다"고 일컬어지는 사람도 있을 것입니다. 그러나 이러한 사람도 그들의 마음은 여전히 영적인 것으로 향하고 있는데, 이는 하나님께서 그 사람 안에 계시기 때문입니다. 이렇게 세상적인 삶에 빠져 있는 중에도 그들은 자기의 죄에 대하여 끊임없이 성령의 질책을 받습니다. 그릇된 것을 행하기로 선택을 할 때에도 그들은 성령의 음성을 들으면서 그렇게 해야 합니다. 성령께서는 그들이 하나님께 순종해야 할 것을 상기시키며, 하나님의 뜻을 밝혀 주어 그들을 거스리며, 하나님의 길로 돌아오라고 촉구하십니다. 비록 세상으로 되돌아간 사람이 영적인 것에 대하여 오랫동안 무시하는 태도를 보이며 반항하더라도, 그들의 마음은 성령의 음성으로부터 완전히 벗어나지는 못합니다. 그래서 정도의 차이는 있지만 세상으로 돌아간 사람들도 영적 사고방식을 가지고 있다고 할 수 있습니다. 이는 그들의 마음이 성령께서 원하시는 것에 가 있기 때문입니다. 그러므로 그들은 결국 믿음을 되찾게 됩니다.

  우리 부부는 2년 동안 믿기 전의 상태로 되돌아간 사람을 한 명 알고 있습니다. 그 자매는 이사를 했고, 직장도 바꾸었으며, 자기를 철저히 숨겼기 때문에, 그를 만날 수가 없었습니다. 믿기 이전으로 되돌아가서 그 자매는 몇 달 동안 불신자들과 전혀 다를 바 없는 삶을 살기도 했습니다. 술집에도 갔습니다. 그러나 하나님께서는 그 자매에게 긍휼을 베푸셔서 그 길에서 돌이켜 하나님께로 되돌아와서 신실한 그리스도인의 삶을 살도록 인도하셨습니다. 내가 바로 전 단락에서 말한 내용을 듣고는 그 자매가 다음과 같이 말했습니다. "그건 정말이에요. 내가 하나님을 떠나 있는 동안 성령께서는 내내 내가 잘못하고 있다고 마음속에 말씀하셨어요. 내 생각에서 하나님을 떨쳐 버릴 수 없었어요. 하나님께서는 늘 성경 말씀을 내 마음속에 떠올리셨어요. 나는 나를 행복하게 해줄 것으로 생각되는 것만을 추구했지만, 나는 사실 불행했어요. 이전에 그리스도인이 되기 전에 그런 행동을 할 때보다 더 불행했는데, 하나님께서 계속 마음에 책망하셨기 때문이에요."

당신의 마음이 어디에 있느냐는 바로 당신이 무엇을 생각하느냐를 통해 알 수 있습니다. 당신의 마음은 특히 마음이 아무것에도 쏠려 있지 않을 때, 즉 공상을 할 때, 특정한 일을 생각하도록 압력을 받지 않을 때, 무엇을 생각하느냐를 통해 드러납니다. 예를 들어, 운전할 때, 혹은 잠이 들려고 할 때나 밤중에 잠이 깨었을 때, 자동차나 열차 또는 비행기 창을 통해 바깥을 물끄러미 바라다 보고 있을 때, 아니면 가게에서 줄을 서서 기다릴 때, 자주 생각하는 것이 바로 당신의 마음을 나타내어 줍니다.

또한 당신의 마음이 어디에 가 있느냐는 당신이 가장 흥미를 느끼고, 가장 신이 나며, 감정에 큰 영향을 받고, 다른 무엇보다도 즐겨 얘기하는 것이 무엇이냐를 통해 알 수 있습니다.

불신자들의 마음은 로마서 8:5에 의하면 "육신의 일"에 가 있습니다. 우리는 육신의 일에 대하여 들을 때 단지 육체적이거나 성적인 죄만을 생각하는 경향이 있지만, 실제로는 그 범위가 훨씬 더 넓습니다. 육신의 일을 생각한다는 것은 일반적으로 하나님께 속한 것보다도 세상에 속한 것들에 마음이 쏠려 있는 것을 의미합니다.

그러나 더 넓게 말하면, 어떤 것을 생각할 때 그것이 하나님과 어떤 관계가 있는지는 생각지 않으면 "육신을 좇는다"고 할 수 있습니다. 이 때문에 이 세상의 고상하게 보이는 것을 생각하며 또 행하는 사람이라고 할지라도 여전히 "영을 좇는 자"가 아닌 것입니다.

요약하자면, 당신의 마음을 육신적인 것에 둔다는 것은 당신이 무엇을 하기로 하든 간에 그 중심이 하나님께 있지 않다는 것을 말합니다. 그러한 식으로 생각하는 사람은 근본적으로 하나님의 가족

영적 사고 방식

으로 태어난 사람이 아닙니다.

　반면에 그리스도인은 다르게 생각합니다. 그들은 영적 사고 방식을 가지고 있습니다. 영적 사고 방식은 당신 안에서 찾아볼 수 있는 구원의 증거 중에서 비교적 쉽게 찾아볼 수 있고 믿을 만한 것입니다. 불신자라 하더라도 겉으로 보기에는 그리스도인과 별로 다를 바가 없는 행동을 할 수는 있습니다. 돈과 관련하여 정직하고, 가족들을 사랑하며, 성실히 일하고, 사람들에게 친절하며, 다른 이를 돕습니다. 그럼에도 불구하고 그들은 회교도이거나 무신론자, 혹은 몰몬교도, 아니면 단순히 교회나 성경을 통하여 하나님께 속한 것을 추구하는 데에는 별로 흥미가 없는 사람일 수도 있습니다. 당신의 영혼이 이들과 진정으로 다르다는 것을 어떻게 분별할 수 있겠습니까? 성령께서 당신 안에 살아 계신지 혹은 당신이 스스로 착각하고 있는지를 어떻게 알 수 있습니까? 로마서 8:5에 의하면, 진정으로 하나님을 모신 사람과 거듭나지 못한 사람을 구분하는 것은 사고 방식입니다. 즉 무엇을 생각하며 마음이 어디에 가 있느냐 하는 것입니다.

　300년 전 영국의 존 오웬이 쓴 로마서 8:5에 대한 글을 통해 나는 이 구절을 더욱 깊이 이해하게 되었습니다. 그는 다음과 같은 내용을 강조합니다.

다른 외적인 자극이 없어도 자발적으로 하나님의 일을 생각한다면 영적 사고 방식을 가지고 있다

모든 사람은 하나님과 하나님의 일에 대하여 가끔은 생각하나, 그러한 생각의 근원에 대하여 알아보는 것이 중요합니다. 회개하지 않은 사람과는 달리 영적 사고 방식을 가진 사람은 자연적으로 주님과 영적인 것에 대하여 생각합니다.

　요한복음 4:14에서 예수님께서는 다음과 같이 말씀하십니다. "내가 주는 물을 먹는 자는 영원히 목마르지 아니하리니, 나의 주는 물은 그 속에서 영생하도록 솟아나는 샘물이 되리라." 성령께서 당신 안에 계시면, 하나님과 영적인 것들을 생각나게 하시며, 이러한 생각은 마치 깊은 샘물에서 자연적으로 물이 샘솟듯이 당신 안에서 솟아납니다.

　얼마 전에 나는 텔레비전에서 셜록 홈즈 형사의 이야기를 각색한 극을 보았습니다. 이 극에서 한 여자가 실종되었고, 이 여자를 극진히 사랑한 그린이라는 사람은 깊은 실망에 빠졌습니다. 홈즈는 그녀가 필시 아는 사람에 의해 납치되었을 것이라 믿었으나 어디서 찾아야 할지는 몰랐습니다. 다음에 취해야 할 행동에 대해 생각하고자 했으나, 그린 씨가 너무나 두려워하여 홈즈는 생각하는 데 방해를 받았습니다.

　홈즈는 그에게 "제발 좀 진정하십시오! 그녀에게 어떤 사고가 났을지는 이제 그만 생각하십시오"라고 말했습니다.

　그러자 그린 씨는 매서운 어조로 대꾸했습니다. "홈즈 씨! 제가 생각하고 싶어서 생각하는 줄 아십니까? 막을 수 없는 걸 어떻게 하란 말입니까?"

　그의 대답을 통해서 로마서 8:5에서 말하는 마음 상태가 어떤 것인지를 상상해 볼 수 있습니다. 그린 씨는 그 여자를 사랑했기 때문에 자연스럽게 그녀 생각이 나는 것을 어쩔 수가 없었습니다. 그의 마음은 그녀에게 고정되어 있었습니다. 그리고 우리는 이를 다 이해할 수 있습니다. 우리는 우리 마음이 가 있는 것을 생각합니다. 만약 당신의 직업에 마음이 고정되어 있다면 자주 이에 대하여 생각할 것입니다. 만약 당신의 마음이 자녀들에게 고정되어 있다면 그들을 자주 생각할 것입니다. 그리고 당신의 마음이 "성령의 소욕"에 고정되어 있다면 자연적으로 영적인 것을 생각할 것입니다. 설령 하나님을 생각하거나 성경 말씀을 묵상하려고 일부러 시도하지 않아도, 하나님과 관련된 생각들이 자연적으로 마음에 떠오르게 됩니다.

사람들은 누구나 때때로 하나님이나 하나님의 일을 생각하기도 합니다. 영적 사고 방식을 갖고 있지 않은 사람도 설교를 들을 때 하나님에 대하여 생각할 수 있습니다. 그러나 이는 외적 근원에 의한 것입니다. 그러한 생각은 샘물처럼 그들의 안에서 솟아나는 것이 아니라 떨어지는 빗방울과 같이 그들의 머리 위에 내립니다.

혹은 텔레비전이나 라디오에서 하나님에 대한 내용을 머리로 받아들일 때도 있습니다. 어린아이나 친구가 하나님이나 성경에 관한 질문을 했기 때문에 하나님에 대하여 조금 관심을 가지게 되었을 수도 있습니다. 또는 믿음을 따라 사는 그리스도인들을 보았기 때문일 수도 있습니다. 그들이 흔히 그러한 생각을 할 수는 있으나 자연적으로 일어나지는 않습니다.

때로는 재난, 부상, 질병, 혹은 가족 문제 때문에 하나님이나 심판이나 영생에 대하여 생각할 수도 있습니다. 어떤 필요가 생겨서 하나님을 향하거나 기도를 할 때도 있습니다. 그러나 그들의 모든 생각은 외적 원인에 의한 것입니다. 그러나 그리스도인에게는 영적인 생각이 자연적으로 일어납니다. 앞에서 이야기한 그린 씨의 말처럼, 그런 생각을 막을 수가 없습니다.

이렇게 생각하는 사람도 있을 수 있습니다. "당신은 내 상황을 잘 이해하지 못하는 것 같습니다. 하루 종일 바쁘기 때문에 하나님이나 영적인 것을 생각할 겨를이 없습니다."

이것이 바로 핵심입니다. 당신이 얼마나 바쁘냐는 문제가 되지 않습니다. 그리스도인은 하루 종일 하나님을 생각하지 않으려고 해도 안 할 수 없습니다. 당신 앞에 있는 일을 제쳐놓고 마음을 영적인 것에 집중하게 되는 것은 당신의 의도적인 결정에 의한 것이 아닙니다(비록 때로 그러한 경우가 있기는 하지만). 숨을 쉬기 위해서 의도적인 결심을 하지 않아도 되듯이 하나님에 대한 생각도 의도적으로 할 필요가 없습니다.

다른 무엇보다도 하나님의 일을 생각한다면 영적 사고 방식을 가지고 있다

생각의 전체 방향이 바뀐 것보다 더 큰 회심의 증거는 없습니다. 하루 종일 하나님이나 하나님의 일에 대하여서는 생각지 않거나 잘못된 생각 속에 살다가, 다른 무엇보다도 영적인 것을 생각하는 쪽으로 생각의 방향이 바뀌었다면, 이는 하나님의 은혜가 역사했다는 확실한 증거가 됩니다.

영적인 사고 방식을 가지고 있으면, 영적인 생각을 자연적으로 할 뿐만 아니라 많이 합니다. 나무에 잎이 가득 달려 있듯이 그리스도인의 마음에는 영적인 생각들이 가득 들어 있습니다. 나뭇잎을 그리스도인의 영적인 생각들로, 나무 열매들을 그의 영적인 행동들로 비유해 보십시오. 언제나 열매보다는 잎사귀가 많습니다. 이는 영적 열매의 중요성을 떨어뜨리려는 것이 아닙니다. 영적인 열매는 또한 구원의 빼 놓을 수 없는 증거가 되기 때문입니다(제5장 참조). 영적인 행동이라는 열매가 더욱 오래 가기는 하지만, 영적인 생각이라는 잎이 갯수는 훨씬 더 많습니다.

시편 119편의 저자는 날마다 자연적으로 영적인 생각을 하고 있음을 드러내고 있습니다. "내가 주의 법을 어찌 그리 사랑하는지요! 내가 그것을 종일 묵상하나이다"(시편 119:97). 그가 항상 두루마리

성경을 손에 들고 다녔다는 의미는 아닙니다. 그의 마음에 항상 하나님의 말씀이 살아 있었다는 의미입니다.

영적 사고 방식을 가졌을 때, 당신은 모든 것을 영적 관점에서 바라보기 때문에, 다른 무엇보다도 하나님의 일에 대하여 더욱 많이 생각합니다. 당신의 직업에 대하여 생각할 때 다음과 같이 생각할 것입니다. "내가 만약 이런 식으로 일을 하면 주님을 잘 증거하는 것일까? … 주님, 제가 올바른 결정을 내리도록 지혜를 주옵소서. 성경에서는 이런 상황에 대해 어떻게 말하고 있을까?" 당신이 영적 사고 방식 가운데 있다면 자녀 양육에 대해서도 하나님 중심으로 생각할 것입니다. 아이를 징계할 때 다음과 같이 생각합니다. "주님, 제가 화가 나서 아이를 때렸다면 용서하여 주소서.… 아이를 성경적인 방식으로 징계할 수 있도록 도와주소서.… 하나님 아버지, 저는 아이들을 격노케 하지 않고, 진정으로 주님의 사랑을 보이기 원합니다."

돈에 대하여 생각할 때나 스포츠나 성(性)에 대하여 생각할 때도 하나님의 관점이 중요하게 되며, 심지어 당신의 생각 자체를 하나님께서 어떻게 생각하시느냐도 중요합니다.

자연 재해가 발생하면 하나님의 심판에 대한 생각이 납니다. 멋진 가을날 떨어지는 낙엽 위를 걸어 보면서 하나님의 창조와 그 영광을 생각합니다. 아름다운 석양을 보면 아름다운 하늘나라를 상상하게 됩니다. 푸른 하늘에 떠 있는 구름을 보면서 그리스도의 재림을 생각하기도 합니다. 영적 사고 방식을 가지고 있으면 무엇을 보더라도 하나님과 연관짓기 시작합니다.

가장 결정적인 것은 당신이 영적 사고 방식 가운데 있다면 죄를 지을 때라도 하나님에 대하여 생각한다는 것입니다. 때로 그리스도인도 죄된 것들에 대한 생각에 오랫동안 빠져 있을 수 있는데, 성경에서는 우리가 이 세상에 살 때에는 아무리 경건한 그리스도인이라고 해도 여전히 죄된 일을 생각하며, 죄된 행동을 할 수 있다고 합니다. 그러나 성령께서는 당신이 생각하고 있는 것이나 행하고자 하는 것이 하나님과 그분의 말씀을 거스리는 것이라고 경고합니다. 심지어 죄를 범하는 중에도, 하나님의 법을 어기고 있으며 그분을 슬프게 하고 있다는 소리가 마음속으로 들려 양심의 가책을 받습니다. 성령을 슬프게 했다는 것을 안 직후에 당신은 뉘우칩니다. 부끄럽지만, 거룩하신 하나님께 나아가 죄를 자백하고 용서를 구합니다.

하나님을 대적하여 죄를 짓는 상황에서 하나님을 생각하고픈 사람이 어디 있겠습니까? 죄로 말미암아 부끄러운 빛이 가득한 얼굴로 거룩하신 하나님께 향할 수 있는 사람이 어디 있습니까? 이런 일은 인간의 "자연적 본성"으로는 할 수 없는 일입니다. 그러나 그리스도인은 그렇게 할 수 있습니다. 왜 그럴까요? 그리스도인은 자연적인 본성으로 생각하지 않기 때문입니다. 그들은 영적으로 생각합니다. 영적 사고 방식을 가졌기 때문입니다. 그리고 이는 그들 안에 내주하신 성령께서 그들의 생각 속에 하나님의 생각을 항상 넣어 주기 때문에 가능합니다. 나침반을 어느 방향으로 돌려 놓아도 바늘은 항상 북쪽을 가리키듯이, 그리스도인이 무엇을 생각하든 그의 마음은 곧바로 하나님께로 향합니다. 이것이 바로 영적 사고 방식인 것입니다.

다른 무엇보다도 하나님의 일을 생각할 때 기쁨과 즐거움이 있다면 영적 사고 방식을 가지고 있다

과학자들은 우리가 하루에 수천 가지의 생각을 한다고 합니다. 당신은 무슨 생각을 주로 하십니까? 영적인 사고 방식을 가진 사람은 다른 어떤 것보다도 하나님과 하나님께 속한 것들을 생각할 때 즐거움과 기쁨을 누립니다.

이는 그리스도인은 자녀들에 대한 사랑이 넘쳐서는 안 되며, 놀라운 경치를 보고 가슴이 뛰어서도 안 되고, 구기 경기를 보면서 고함을 치거나 환호를 해서도 안 된다는 의미는 아닙니다. 그러나 하나님과 하나님께 속한 것을 생각할 때에는 다른 모든 것을 초월하는 즐거움이 있다는 의미입니다.

영적 사고 방식을 가진 사람들은 개인적으로 혹은 다른 사람들과 함께 누리는, 하나님으로 인한 즐거움이 너무나도 커서 그들이 이를 위하여 창조되었음을 느낄 수 있습니다. 웨스트민스터 소요리 문답에는 다음과 질문이 나옵니다. "인간의 제일 가는 목적이 무엇입니까?" 다른 말로 하면 "우리는 무엇을 위하여 창조되었습니까?"라는 질문입니다. 이에 대한 대답은 "하나님을 사랑하며, 영원토록 그를 즐거워하는 것입니다"입니다. 영적 사고 방식을 가진 사람은 이를 이해할 수 있습니다. 그들은 이 세상 어떤 것보다도 하나님을 더욱 사랑하며 즐거워하고 있기 때문입니다. 그들은 하나님이 단지 자기들이 순종을 해야 할 대상이 아니라 사랑하고 즐거워해야 할 분임을 알고 있습니다.

당신은 하나님을 생각하기를 즐기십니까? 영적 사고 방식을 가지고 있지 않은 사람은 하나님에 대한 생각을 즐기지 않습니다. 그들은 그럴 수 없습니다. 그들의 죄악 된 생각은 하나님께 적대적이라고 로마서 8:7에서 말하고 있습니다. 불신자들은 다음 세 가지 중에서 하나를 취합니다. 그들은 하나님을 무서워한 나머지 하나님을 생각할 수 없습니다. 아니면, 자기들의 죄 때문에 큰 죄책감을 느껴 하나님에 대하여 오랫동안 생각할 수 없습니다. 혹은 보다 일반적인 모습으로서, 하나님에 대하여 그릇된 개념을 만들어 내고서는 그들

자신의 욕망에 딱 들어맞는 하나님을 믿습니다.

그래서 오직 사랑만 있는 하나님을 자기 유익을 위해 만듭니다. 자기가 죄를 지어도 미소를 보내며, 심판 때도 자기들에게만 예외를 두는 하나님입니다. 하나님께서 지옥을 만드셨다는 것은 절대 생각할 수 없습니다. 절대적 순종이나 복종을 요구하시는 하나님을 생각할 수도 없습니다. 그들은 자기가 드리고 싶지 않은 어떤 것을 요구하시는 하나님에 대해서는 상상할 수도 없습니다. 자신들의 생각이나 삶의 방식을 달갑지 않게 생각하시는 하나님은 고려하지 않습니다. 그들은 하나님의 실제 모습이나 혹은 성경에서 보여 주는 하나님과 다른 모습의 하나님을 만들 것입니다.

그러나 영적 사고 방식을 가진 사람은 그렇지 않습니다. 실제 모습 그대로의 하나님을 사랑합니다. 하나님께 속한 것이 자연인의 마음에는 거리끼는 것이라도 영적 사고 방식이 있는 사람에게는 즐거운 것이 됩니다.

1700년대 사람인 자너슨 에드워드는 하나님에 대한 생각이 회심 이후 어떻게 변화되었는지를 기록하고 있습니다. 특히 하나님의 속성 중 이해할 수 없는 것에 대한 증오가 어떻게 나중에는 하나님을 즐거워하는 것으로 바뀌게 되었는지를 보여 줍니다.

> 어린 시절부터 나는 하나님께서 절대주권을 가지고 누가 영생을 누리게 될지를 결정하신다는 사실에 대하여 반항하는 마음이 있었습니다.… 그것은 끔찍한 교리로 보였습니다. 그러나 내가 회심한 이후에는 하나님의 절대주권에 대하여 이전에 내가 가져왔던 생각과는 전혀 다른 생각을 하게 되었습니다. 그때부터 하나님의 절대주권에 대해서 확신을 가지게 되었을 뿐만 아니라 그 확신은 아주 즐거

움을 주었습니다. 이 교리는 종종 아주 기쁨을 주며 멋지고 달콤한 것으로 여겨졌습니다. 완전한 절대주권은 내가 하나님의 속성으로 찬양하기를 즐기는 것이 되었습니다. 그러나 이전에는 그렇지 않았습니다.

당신은 하나님을 사랑하십니까? 보여 주신 그대로의 하나님을 즐거워합니까? 심지어 이해가 잘 되지 않는 하나님의 성품에 대해서도 즐거워합니까? 하늘나라와, 그곳에서 거룩함과 영광 가운데 계시는 하나님을 만나는 생각을 하면 마음과 생각과 영혼이 황홀해집니까? 그렇다면 당신의 마음은 성령께서 원하시는 것에 가 있으며, 당신은 영적인 사고 방식을 가졌다고 할 수 있습니다.

당신의 "모든 사상에 하나님이 없으면" 당신은 영적 사고 방식을 가지고 있지 않다

다윗이 쓴 시편 10편에는 "악인의 멸망을 위한 기도"라는 제목이 종종 붙습니다. 성령의 감동으로 다윗은 악한 사람에 대해 4절에서 "그 모든 사상에 하나님이 없다"라고 묘사합니다.

우리는 악인이라는 말을 잘 쓰지 않습니다. 우리 문화에서 누군가에 대해 이 단어를 쓰면 시대에 뒤떨어졌다는 평을 들으며, 아니면 교만하다고 합니다. 그러나 성경에서는 회개하지 않고 예수 그리스도를 믿지 않는 사람을 악인이라고 부릅니다. 성경은 악인의 뚜렷한 특징은 사고 방식이 영적이 아닌 것이라고 합니다. "그 모든 사상에 하나님이 없다."

영적 사고 방식을 가지고 있지 않은 사람은 참으로 여러 가지를 생각하나 하나님에 대하여는 거의 생각하지 않으며, 성경에 계시하신 하나님의 모습을 있는 그대로 받아들이지는 않습니다. 계획을 세울 때에 하나님을 고려하는 적이 없습니다. 하나님의 뜻을 묻지도 않습니다. 하나님을 기쁘시게 하거나 영광스럽게 하는 삶은 안중에도 없습니다. 그들의 이마에 그들의 생각을 그대로 보여 주는 텔레비전이라도 단다면 하나님에 대하여 진지하게 생각하는 경우를 거의 찾아 보지 못할 것입니다. 그들은 하나님에 대하여 가끔 생각하기는 하지만, 그들의 모든 사상에서 중요한 위치를 차지하지는 못합니다.

경건한 청교도였던 존 오웬은 "영적 사고 방식을 가진 사람의 은혜와 책임"이라는 글에서, 모든 사상에 하나님이 없는 사람에도 여러 정도가 있다고 했습니다.

그에 의하면, 어떤 사람들은 하나님의 존재를 아예 믿지 않기 때문에 생각 속에 하나님이 없습니다. 사상에 하나님이 없는 사람의 가장 극단적인 경우입니다. 바로 무신론자입니다. 하나님과 하나님의 것에 대해 눈을 꽉 감아 버립니다.

그러나 거의 대부분의 사람들이 하나님의 존재는 믿습니다. 그러나 이 절대 다수의 사람들 가운데 많은 사람들이 디도서 1:16에서 묘사하듯이 "하나님을 시인하나 행위로는 부인합니다." 그들 중 상당수가 하나님을 믿는다고 강력히 주장할 것입니다. 그러나 실제로는 하나님께서 계시지 않은 것처럼 생각하며 살아갑니다. 마음의 중심에 하나님을 생각하는 일은 없습니다. 그럼에도 평생 동안 자기들은 하나님을 믿는다고 합니다. 그들의 말에도 불구하고 이 두 번째 그룹의 사람들은 행위로 "모든 사상에 하나님이 없다"는 것을 드러냅니다.

자기가 영적 사고 방식을 가지고 있다고 생각하는 사람들 중에는 그들의 생각 속에 하나님에 대한 생각이 좀처럼 자리를 잡을 수 없는 사람들도 있습니다. 이들은 "세상의 염려와 재리의 유혹과 기타 욕심이 들어와 말씀을 막아 결실치 못하게 되는" 자입니다(마가복음 4:19). 이들은 성경 지식도 많고, 교회 안팎에서 선한 일도 많이 합니다. 교회에 출석하는 것도 즐거워합니다. 이는 자신들의 양심을 편하게 해주며 "기분이 좋아지기" 때문입니다. 하나님의 말씀에 이런 식으로 반응해 왔고, 다른 사람들보다도 영적 일에 익숙하므로, 영적 사고 방식에 대하여 말할 때면 자기들은 분명히 영적 사고 방식을 가지고 있다고 단정짓습니다. 그러나 실상은 그들은 하나님의 일보다는 "세상의 염려, 재리의 유혹, 기타 다른 욕심"에 대하여 더 자연스럽게 생각하며, 그런 생각이 더 우세하고, 더 즐거움을 줍니다. 사실상 "그들의 모든 사상에 하나님이 없다"고 할 수 있습니다.

그리스도인과 불신자의 생각은 근본적으로 차이가 있습니다. "육신을 좇는 자는 육신의 일을 생각"하기 때문에, 그들의 "모든 사상에 하나님이 없다"는 것은 아주 당연합니다. 영적 사고 방식을 가진 사람은 성령의 일을 생각하며, 그 결과로 하나님에 대하여 많이, 그리고 자연적으로, 또한 기쁨을 누리면서 생각합니다.

추가 적용

당신은 영적 사고 방식을 가지고 있는가?

당신의 마음은 하나님께로 끌리고 있습니까? 영적인 생각을 억누를 수 없습니까? 당신에게는 예수 그리스도, 천국, 성경, 또는 기타 하나님의 일들에 대하여 생각하는 것이 너무나 기뻐서 그런 생각에 몰입하는 적이 있습니까? 진지하게 돌아보십시오. 이것이 바로 그리스도인다운 사고 방식입니다.

하나님께서는 예수님께 나오는 모든 사람의 생각을 변화시키십니다. 만약 당신의 모든 생각에 하나님이 계시지 않더라도, 하나님께서는 거기에 들어가실 수 있습니다. 오직 성령만이 그렇게 하실 수 있습니다. 당신의 마음을 성령께 굴복시키겠습니까? 당신의 죄된 본성을 따라 살던 생활에 대하여 회개하고, 육신을 좇아 살던 것에서 돌이키겠습니까? 당신을 하나님 아버지께로, 그리고 그분의 변화시키는 능력 안으로 인도해 달라고 그리스도께 의뢰하겠습니까? 만약 그렇다면, 당신은 그리스도를 통하여 하나님께 나아오는 자에게 하신 하나님의 약속을 경험할 수 있을 것입니다. "내 법을 저희 생각에 두고 저희 마음에 이것을 기록하리라"(히브리서 8:10).

1987년, 미네소타 트윈스의 인기 스타 커비 푸켓은 내가 어릴 적 꿈꾸던 야구의 영웅이 되었습니다. 그는 월드 시리즈의 마지막 경기를 승리로 이끌어 팀의 우승에 결정적 기여를 했습니다. 몇 주 후에 나는 트윈스 팀의 유격수인 그레그 게인의 인터뷰 내용을 들었습니다. 게인은 그 극적인 승리 후에 선수 대기실에서 어떤 일이 벌어졌느냐는 질문을 받았습니다. 그는 선수들이 고함을 치며, 열정적으로 껴안고, 서로 머리에다 샴페인을 부었다고 했습니다. 그러나 그가 가장 인상적으로 기억하고 있었던 것은 시상식을 10분 남겨 놓고 푸켓이 놀라우리만치 조용하게 있었으며, 이를 잠깐 본 것이 가장 마음에 남는다고 했습니다. 게인은 시리즈 영웅에게로 발길을 돌려 옆에 앉아 조심스럽게 물었습니다. 이때 푸켓은 "만약 이것이 인생의 전부라면, 인생은 참으로 공허한 것이군"이라고 한탄했습니다.

하나님에 대한 생각과 영원한 것에 대한 생각을 제외한 모든 환상과 꿈은 궁극적으로 공허할 수밖에 없습니다. 하나님은 어느 누구도 상상할 수 없을 정도로 위대하고 영광스러운 분입니다. 하늘나라에서 하나님을 직접 만나 그분과 함께 영원히 같이 사는 것은 얼마나 환상적이고 꿈 같은 현실인지 모릅니다. 우리가 아무리 상상의 나래를 펴고 끝없이 상상을 해도 그 끝을 알 수 없습니다. 영적 사고 방식을 가진 사람은 그러한 환상을 즐길 수 있을 뿐 아니라, 나중에 그런 삶을 살 수 있습니다!

제 7 장

확신을 잃게 하는 것들

당신이 확신을 가지고 있다면 이를 잃지 않도록 조심하십시오.
- 토머스 왓슨

존 번연의 천로역정에 나오는 순례자인 크리스천에 대하여 한번 더 생각해 봅시다. 그는 영광의 성으로 들어가려고 순례 여행을 하고 있었습니다. 이는 이 세상에서 하늘나라에 들어갈 때까지 그리스도인이 겪게 될 여정을 그리고 있습니다.

크리스천이 예수님의 십자가를 만나 그의 죄의 짐이 굴러 떨어진 지 얼마 되지 않아, 그는 '곤고(困苦)'라는 산에 다다랐습니다. 험하고 가파른 산길을 따라 반쯤 올라가다가 그늘진 곳에서 멈추어 잠깐 휴식을 취했습니다. 서늘한 곳에서 그는 십자가에서 받았던 두루마리를 다시 읽기 시작했습니다. 이 이야기에서 그 두루마리는 구원에 대한 하나님의 약속들과 하늘나라에 들어갈 것에 대한 확신을 나타내고 있습니다. 순례자가 잠깐 졸다가 그만 깊이 잠이 들었고, 손에 들고 있던 두루마리를 떨어뜨렸습니다.

크리스천이 눈을 떴을 때는 이미 날이 어두워지고 있었고, 밤이 되기 전에 가야 할 길은 아직 많이 남아 있었습니다. 그가 서둘러

갈 때 반대편에서 달려오는 두 사람을 만나게 되었습니다. 그들은 크리스천더러 뒤로 돌아가라고 했습니다. 앞에 위험이 있다는 것입니다. 그러자 그도 두려워서 어찌할 바를 몰랐습니다. 그는 자기 고향인 '멸망의 도시'로 돌아갈 수 없다는 것을 잘 알고 있었습니다. 하나님께서 그곳에 재앙과 심판을 내리실 것임을 깨달았기 때문입니다. 그래서 그는 계속 앞으로 갔지만, 무슨 일이 벌어질지 전혀 모르는 상황이었습니다. 그는 위안과 확신이 필요해서 옷 속으로 손을 넣어 두루마리를 찾았습니다. 하지만 두루마리가 없었습니다! 깜짝 놀라 크나큰 낙담에 빠진 그는 당황하여 어찌할 바를 몰랐습니다. 그만 확신을 잃어버렸습니다. 번연의 이야기의 이 부분은 많은 사람들이 경험하는 바를 보여 주고 있습니다(이미 제2장에서 언급하였음). 즉, 진정한 그리스도인이라고 할지라도 자기가 구원받았다는 확신을 잃어버릴 수가 있다는 것입니다.

진정한 그리스도인이라 하여도 느낌상 구원의 확신을 잃을 수도 있다는 것을 주목하십시오. 나는 진정한 그리스도인이 구원 자체를 잃을 수 있다고 하지는 않았습니다. 성경에서 이와 같이 말하고 있지 않기 때문입니다. 일단 거듭남으로 하나님의 가족의 일원이 되었을 때는, 다시는 영적으로 죽을 수 없다는 것입니다. 일단 하나님께서 당신을 하나님의 가족의 일원으로 삼으셨다면, 하나님께서는 당신을 버리거나 거절하지는 않으십니다.

그러나 진정한 그리스도인이라고 해도, 즉 진정으로 하나님의 자녀로 거듭난 사람이라고 해도, 자기가 하나님의 소유이며 어느 날엔가는 반드시 하나님의 영광의 성에 들어가 하나님 아버지와 함께 살 것이라는 확신을 잃을 수도 있습니다.

성령께서 영원히 내주하고 있는 그리스도인이 어떻게 성령께서 자기 안에 거하고 계시는지에 대한 확신을 잃을 수 있습니까? 한때 올바른 길로 걸어가고 있다고 확신했던 진정한 그리스도인이 어떻게 그런 확신을 잃을 수 있습니까?

적어도 여섯 가지의 가능성이 있습니다.

알고 있는 죄를 다루기를 거절하면 진정한 그리스도인도 구원의 확신을 잃을 수 있다

이에 대해서는 제2장에서 다루었지만 너무나 중요하고 자주 일어나는 일이기 때문에 다시 설명하고자 합니다.

하나님께서 죄라고 보여 주신 것을 지속해서 범할 때, 그리고 우리 양심이 계속 가책을 주는데도 그 죄에 계속 거할 때, 우리가 구원의 확신을 잃는 경우가 있는 것은 전혀 놀랄 일이 아닙니다.

고의적이고, 회개하지 않는 죄는 우리에게 하나님께서 주시는 확신을 심어 주시는 성령을 근심케 합니다. 사도 바울은 에베소서 4:30에서 이에 대하여 경고합니다. "하나님의 성령을 근심하게 하지 말라. 그 안에서 너희가 구속의 날까지 인치심을 받았느니라." 죄를 지으면, 특히 회개하지 않고 고의적으로 죄를 지으면 성령을 근심케 합니다. 이런 일이 일어나면, 우리에게 확신을 심어 주시는 것이 아니라 그 죄를 책망하시는 것이 성령의 사역이 됩니다.

우리가 알고 있는 죄를 지속적으로 짓게 되면, 우리는 마치 불신자와 같은 삶을 살게 됩니다. 우리가 불순종하고 있을 동안에는 하나님께서는 우리에게 격려를 주시지 않습니다. 우리가 고의적으로, 그리고 뉘우침이 없이, 마치 우리가 하나님의 것이 아닌 것처럼 살아갈 동안에는, 우리가 하나님의 것이라는 강한 확신을 절대로 심어 주시지 않습니다.

우리의 가장 큰 필요가 순종일 때 하나님께서는 우리가 확신을

확신을 잃게 하는 것들

구해도 응답하여 주시지 않습니다. "내가 내 마음에 죄악을 품으면 주께서 듣지 아니하시리라"(시편 66:18)고 성경에 나옵니다. 우리 마음이 죄에 집착하고 있을 때는 구원받았다는 확신을 주시도록 기도해도 응답을 받을 수 없습니다. 어떤 사람이 다음과 같이 말했습니다. "확신이라는 목은 너무 좁아서 조그만 죄에 의해서도 막힐 수 있습니다."

완고한 죄로 인하여 평안과 확신은 사라집니다. 성경에서는 반복하여 이에 대하여 경고합니다. "여호와께서 말씀하시되 악인에게는 평강이 없다 하셨느니라"(이사야 48:22). 비록 이 구절은 불신자에게 하신 말씀이지만, 그리스도인에게도 적용되는 원리를 보여 줍니다. 우리가 악인처럼 하나님을 거역할 때 하나님께서는 우리에게 평안이나 확신을 주시지 않습니다. 오히려 하나님께서는 사랑으로 징계하십니다. "주께서 그 사랑하시는 자를 징계하시고"(히브리서 12:6). 성경을 통한 책망이나 그리스도인에게 듣는 권면, 역경, 혹은 다른 방법을 통하여 주님께서는 우리가 죄를 떠나 주님께 순종하도록 역사하십니다. 그러나 우리는 이를 통해서도 자신이 하나님의 사랑하는 자녀라는 확신을 얻을 수 있습니다(히브리서 12:8).

진정한 그리스도인도 영적 게으름으로 인해 구원의 확신을 잃을 수 있다

16,7세기에 걸쳐 살았던 청교도 리처드 시브즈는 "확신이 결여된 사람은 일반적으로 게으른 그리스도인입니다"라고 말했습니다. 어떤 사람이 게으른 그리스도인입니까? 그리스도인에게 필요한 영적 훈련에 무관심하여 내리막길을 걷는 신자를 말합니다. 그들은 성경 읽기, 기도, 예배 참석, 봉사 등을 "하고 싶지" 않을 때는 이러한 일을

무시합니다. 점점 더 하나님에 관계된 것보다는 다른 활동들이 그의 삶을 차지합니다. 처음에는 이 다른 일들, 즉 직장 일, 다른 사람들과의 약속, 집안 일, 공부, 심부름 등은 단지 가끔씩만 방해하는 것처럼 보입니다. 그러다가 이런 일이 정상이 되어 버립니다. 결국에는 이러한 일의 압박으로 말미암아 영적인 책임이나 마땅히 할 일을 저버리게 됩니다. 그러나 종종 이러한 경우에 사람들은 "피곤하다"는 것을 이유로 내세웁니다.

게으른 그리스도인은 성경과 유익한 신앙 서적을 읽을 시간은 없지만 소설이나 신문, 그리고 잡지 등을 읽을 시간은 충분히 확보합니다. 하루에 적어도 한 시간 정도 텔레비전을 시청하며, 일주일에 평균 7시간 정도 - 미식 축구 시즌에는 10시간 이상 - 를 텔레비전 시청에 들이지만 다른 사람들을 섬기거나 전도하기 위해서는 단 한두 시간을 내는 것도 아까워하며 불평합니다. 그리스도를 위하여 희생하는 대신 게으른 사람은 그리스도인의 삶을 안일한 삶으로 전락시킵니다.

따라서 영적으로 나태한 사람이 시간이 지날수록 확신을 잃어 가는 것은 그리 놀랄 일이 못 됩니다. 하나님께서 영적으로 부지런한 사람에게는 확신을 주시지만, 나태한 사람에게는 주시지 않는 것에 대해 놀라지 말아야 합니다.

본서를 쓰고 있을 때 아내는 임신 중이었습니다. 지금까지 아기가 움직이는 것을 조금씩 느끼곤 했습니다. 그런데 오늘은 몇 시간 동안 아기가 어떤 움직임도 보이지 않자 크게 걱정을 하였습니다. 결국 아기가 움직이기 시작했고, 아내는 뱃속의 아기에게 생명이 있다는 확신이 다시 생겼습니다. 영적인 확신도 대개 이와 같습니다. 그리스도인이 열심히 살지 않으면 않을수록 자기 안에 영적 생명이 있는가에 대하여 의문을 가지게 됩니다. 다른 말로 하면 영적인 생

확신을 잃게 하는 것들

명이 있느냐에 대한 확신은 영적인 생명이 얼마나 활기 있게 역사하느냐에 달려 있다고 할 수 있습니다.

그리스도와 하나님의 나라를 섬기는 사람은 자기가 하나님의 종이라는 사실에 대해 큰 확신을 얻습니다. 그리스도의 훈련에 자기를 헌신한 사람은 자신이 그리스도의 제자라는 것에 대하여 분명한 확신을 갖습니다. 하나님의 자녀답게 행하는 사람에게는 그가 하나님의 가족의 일원이라는 큰 확신이 주어질 것입니다.

당신이 확신이 부족하다면 영적 게으름이 원인 중의 하나가 아닙니까? 그렇다면 자녀슨 에드워즈의 사려 깊은 충고를 생각해 보십시오. "확신은 자기 성찰보다는 행동을 통해 더 많이 얻을 수 있다."

진정한 그리스도인이라도 사탄의 공격으로 구원의 확신이 흔들릴 수 있다

해적선이 범람할 무렵, 해적들은 많은 짐을 실은 배를 공격하기를 좋아했습니다. 영적인 해적인 사탄은 확신에 찬 그리스도인들을 공격하고 싶어합니다.

하나님께서 확증하시는 다음과 같은 말을 들은 후에 예수님께서는 광야에서 시험을 받으셨습니다. "이는 내 사랑하는 아들이요, 내 기뻐하는 자라"(마태복음 3:17). 바울은 셋째 하늘에 올라가 놀라운 확신의 경험을 한 바로 직후에 "사단의 사자"가 와서 자기를 괴롭혔다고 털어놓았습니다(고린도후서 12:7).

사탄은 하나님의 백성을 미워합니다. 사탄은 자기가 영원을 지옥에서 보낼 것을 확실히 알고 있으며, 또한 그리스도인이 영원을 하늘에서 보낼 것을 확신하는 것에 대하여 증오합니다. 사탄은, 그리스도인들이 확신할 때 능력 있게 살고, 반면에 확신하지 못할 때에는 연약하게 산다는 것을 알고 있습니다. 일반적으로 사탄은 구원받지 못한 사람들에게는 마치 구원을 받은 것처럼 생각하게 하고, 구원을 받은 사람에게는 구원을 받지 않은 것처럼 생각하게 만드는 전략을 쓰고 있습니다. 그리스도인으로 하여금 구원에 대하여 의심을 가지게 할 때 사탄은 구원받았다는 것을 느낌에 의존하여 판단하게 만드는 전략을 사용합니다. 회심 직후에 많은 그리스도인들이 해방의 기쁨과 영적 고양감을 경험합니다. 그러나 이러한 느낌이 약해질 때, 이는 필연적으로 일어나는 일인데, 구원에 대하여 의심을 품게 됩니다.

구원을 받았느냐를 감정으로 평가하게 되면 다루기 힘든 상황에 빠집니다. 비록 당신이 구원을 "느낄" 때 구원받은 사실을 강하게 "확신"할 수 있기는 하지만, 당신이 잘 느끼지 못한다고 해서 구원이 떠나가는 것은 절대 아닙니다. 만약 이런 식으로 구원 여부를 측정한다면, 우리는 반복적으로 구원을 잃어버렸다가 다시 얻는 일을 되풀이할 것입니다. 영생을 소유하다가 잃고 다시 얻는 일을 순간순간 반복하는 것입니다.

또한 우리가 확신하는 것을 증오하는 사탄은 그리스도인으로 하여금 그리스도보다도 자신의 죄에 초점을 맞추게 함으로써 구원에 대하여 의심을 품게 합니다. 우리가 우리의 모든 죄 - 혹은, 특정한 죄 -를 제(除)하는 그리스도의 피의 능력을 의심하게 될 때 사탄은 성공합니다. 그리스도인들이 흔히 말하는 "죄의 심히 죄악 됨"에 대하여 이해하는 것은 하나님의 시야에서 우리가 얼마나 수치스러운가를 깨닫는 것과 마찬가지로 바람직합니다. 그러나 하나님께서 우리의 죄를 짊어지도록 보내 주신 예수 그리스도보다도 우리의 죄에 더 관심을 집중하면 자기 중심적인 왜곡된 삶을 살게 됩니다.

사탄이 사용하는 또 다른 방법은 참소(讒訴)와 부정(否定)을 통하여 우리에게서 확신을 빼앗아 가는 것입니다. 사탄이 당신의 확신에 대하여 공격할 때 다음과 같은 방법으로 접근합니다. "네가 정말 그리스도인이라면 그런 말이나 행동, 혹은 생각은 하지 않을 것이다." 사탄은 우리가 죄를 지으면 확신에 대하여 의심한다는 것을 잘 알고 있습니다. 이에 대항하려면 요한일서 1:8-9을 사용해야 합니다. 이 구절은 그리스도인이라도 죄를 범한다는 것을 보여 주며, 모든 그리스도인의 모든 죄를 용서하시겠다는 하나님의 약속을 담고 있습니다. "만일 우리가 죄없다 하면 스스로 속이고 또 진리가 우리 속에 있지 아니할 것이요, 만일 우리가 우리 죄를 자백하면 저는 미쁘시고 의로우사 우리 죄를 사하시며, 모든 불의에서 우리를 깨끗케 하실 것이요."

제2장에서 언급한 바와 같이, 그리스도인에게서 확신을 빼앗으려는 사탄의 다른 계략 중의 하나는, 다른 사람의 성장이나 축복을 자기의 것과 비교하게 하는 것입니다. 그리스도인 중에는 조지 밀러와 같은 위대한 그리스도인의 전기를 읽고는 다음과 같이 생각하는 사람도 있습니다. "이것이 그리스도인의 삶이라면, 아직 나는 거듭나지 않은 것 같아." 혹은 현재 자기 주위에서 관찰되는 믿음의 좋은 본을 보거나, 또는 자기에 비해 훨씬 더 하나님의 축복을 많이 받은 것이 명백한 그리스도인의 삶을 보고 나서, 그러한 차이가 나는 것은 오직 하나님의 성령이 자기에게 없기 때문이라고 생각합니다.

이러한 가증한 계략에 대하여 승리하는 길은 진리를 더욱 강화시키는 것입니다. 예수님께서 부활하셨으나 제자들을 아직 만나기 전에, 예루살렘에서 엠마오로 가던 두 제자에게 나타나셨습니다. "저희의 눈이 가리워져서 그인 줄 알아보지 못하거늘"(누가복음 24:16). 이 복음서를 기록한 의사 누가는 이들이 "슬픈 빛"을 띠었다고 묘사합니다. 왜 그렇습니까? 그들은 예수님께서 "이스라엘을 구속할 자"

라고 생각했으나(21절), 그분은 십자가에 못박혔고, "이뿐 아니라 이 일이 된 지가 사흘째"였기 때문입니다. 예수님에 대한 그들의 의심과 주님과의 관계에 대한 그들의 의심은 우리가 확신하지 못하고 갈등하는 것과 비슷합니다.

예수님께서는 그들의 확신을 어떻게 회복시켜 주셨습니까? 주님께서는 그들의 마음속에 진리를 강화시켜 주셨습니다.

> 가라사대, "미련하고 선지자들의 말한 모든 것을 마음에 더디 믿는 자들이여, 그리스도가 이런 고난을 받고 자기의 영광에 들어가야 할 것이 아니냐?" 하시고, 이에 모세와 및 모든 선지자의 글로 시작하여 모든 성경에 쓴바 자기에 관한 것을 자세히 설명하시니라. (25-27절)

예수님께서 그들에게 신분을 밝히신 후, 그들은 "길에서 우리에게 말씀하시고 우리에게 성경을 풀어 주실 때에 우리 속에서 마음이 뜨겁지 아니하더냐?"(32절)라고 했습니다.

마태복음 4:1-11에서 사탄이 예수님을 시험할 때 주님께서는 진리인 하나님의 말씀으로 대적하셨습니다. 사탄이 그리스도인으로 하여금 감정에 의지하여 하나님과의 관계에 대하여 의심을 가지도록 유혹할 때, 혹은 자기의 죄를 바라보게 하거나, 거짓 참소를 듣게 하거나, 혹은 다른 사람들과 자기 자신을 비교하게 할 때, 믿는 자들은 반드시 진리를 강화시켜야 합니다. 사탄은 거짓말장이며 모든 거짓의 아비이기 때문입니다(요한복음 8:44). 사탄은 너무나 영리하여 어느 그리스도인이라도 자기의 구원에 대하여 의심을 가지게 할 수 있습니다. 그리스도를 통한 하나님의 구원의 약속을 기억하지 않는 그리스도인은 누구라도 이런 함정에 빠질 수 있습니다.

확신을 잃게 하는 것들

진정한 그리스도인도 고난이나 어려운 환경 때문에 구원을 의심할 수 있다

하나님께서는 때때로 고난이나 시련을 허락하십니다. 그래서, 비록 예수님께서 십자가에서 겪은 고난에는 훨씬 미치지 못하지만, 고난이 너무 힘들어 우리는 예수님처럼 "나의 하나님, 나의 하나님, 어찌하여 나를 버리셨나이까?"라고 외치고 싶은 심정이 될 때가 있습니다(마태복음 27:46). 때로는 상황이 너무 악화되어 하나님께서 자기를 버리신 게 아닌가 의심을 하게 될 때도 있습니다. 그 힘든 환경은 하나님께서 자기를 기뻐하지 않는다는 증거이며, 필시 하나님께서 애당초 자기를 받아들이셨던 것이 아닐 것이라고 결론을 내립니다.

많은 그리스도인들이 인내하다 못해 괴로워서 다음과 같이 생각합니다. "하나님께서 나를 대적하고 계심에 틀림없어! 하나님께서 어떻게 이런 일이 내게 일어나도록 하실 수 있을까? 만약 나를 사랑하신다면 그럴 리가 없을텐데. 하나님께서 어떻게 나를 사랑하시면서 이렇게 심한 고통과 상처를 받게 하실 수 있을까? 내가 아버지라면 아이에게 이렇게 하지는 않겠어. 하나님께서 이런 일이 내게 일어나도록 하셨는데, 내가 어떻게 하나님의 자녀라고 할 수 있을까?" 그리고 그들은 자기가 하나님의 가족에 속하지 못했다고 믿을 만한 정당한 이유가 있다고 생각합니다.

극도로 실망이 되는 상황에 처했을 때 그리스도인 중에서 자기가 진정으로 하나님의 자녀인지 의심하기 시작하는 사람도 있습니다. 예를 들면 깨어진 인간 관계, 이루지 못한 꿈, 죽음, 실패, 자녀를 낳지 못하는 것 등으로 말미암습니다. 실망은 다른 사람이 좋은 업무를 맡거나 좋은 자리로 이동할 때, 혹은 당신이 좋지 않은 자리로 이동할 때 생길 수도 있습니다. 당신의 결혼 생활이나 자녀들에 대해 환멸을 느낄 때도 있습니다. 그래서 다음과 같이 생각하고 싶은 유혹을 받을 것입니다. "내가 진정으로 그리스도인이라면 하나님께서 어떻게 내게 이런 일이 일어나도록 하실 수 있을까?"

어쩌면 하나님께 구한 것에 대해 정반대의 응답을 받았을지도 모릅니다. 장래에 대한 당신의 모든 계획이 무너졌을 수도 있습니다. 아니면 실직했거나 돈을 잃었을 수도 있고, 자동차 사고가 나거나 자녀가 병에 걸리거나 친구가 배반을 했을 수도 있습니다. 누군가로부터 말로나 신체적으로나 성적으로 모독을 당했을 수도 있습니다. 이러한 것이 있으면 하나님께서 당신을 대적하고 있다는 것을 의미합니까? 이런 일이 여러 가지가 겹쳐서 일어날 수도 있지만, 그것이 당신이 그리스도인이 아니기 때문에 일어나는 것입니까?

하나님께서는 그리스도인의 모든 것을 주관하시는 분입니다. 하나님께서는 다음과 같이 약속하십니다. "하나님을 사랑하는 자, 곧 그 뜻대로 부르심을 입은 자들에게는 모든 것이 합력하여 선(善)을 이루느니라"(로마서 8:28). 이는 비록 우리가 이땅에서 일어나고 있는 수많은 일들에서 "선"을 찾지 못한다 할지라도 진실입니다. 아무리 일이 끔찍하다고 하더라도 절대주권을 가지신 하나님께서 살아계시는 한 "우연한" 사고는 아닙니다. 아무리 사탄이 개입한 것이 명백하게 보인다 할지라도 사탄은 결코 하나님의 통제를 벗어나서 행할 수는 없습니다. 스티븐 차노크가 말한 것처럼 "사탄은 하나님의 손 아래 있는 원숭이"에 불과합니다. 욥의 경우에서 볼 수 있는 것처럼, 사탄은 하나님의 허락을 받지 못하거나 하나님의 목적을 떠나서는 그 어떤 것도 할 수 없습니다.

그러나 우리의 시야에서 볼 때에는, 하나님께서 다스리고 계시다는 사실이 그분의 손이 나타나는 것에 의해 판단되지는 않습니다.

확신을 잃게 하는 것들

우리는 시편 119:91을 기억해야만 합니다. "만물이 주의 종이 된 연고니이다." 태평양의 돌고래가 대양 속에서 사는 것처럼, 우리는 전능하시고 무소부재하시는 하나님의 손 안에서 산다고 성경은 말합니다. "우리가 그를 힘입어 살며 기동하며 있느니라"(사도행전 17:28). 이것이 우리의 구원의 확신과 어떤 연관이 있습니까? 그것은 진정한 그리스도인도 이 세상에 살면서 극한 시련과 혹독한 환경을 통과할 수 있다는 것을 의미합니다. 또한, 단지 하나님께서 당신의 기도를 듣지 않으시거나 당신의 마음과 삶이 산산조각 나도록 허락하셨다고 생각된다 하여, 하나님께서 당신을 받아 주셨는지를 의심하는 것은 잘못입니다.

예수님께서도 사랑하는 사람을 잃으셨습니다. 예수님께서는 사랑했던 사람들에게서 거부를 당하기도 하셨습니다. 하나님께서는 예수님의 마음이 찢어지도록 하셨습니다. 고통받는다는 것이 무엇인지를 예수님께서는 알고 계셨으며, 슬픔으로 인해 눈물을 흘리기까지 하셨습니다. 예수님께서도 친구들로부터 버림당하는 경험을 하셨습니다.

히브리서 12:5-6을 봅시다.

> "내 아들아, 주의 징계하심을 경히 여기지 말며, 그에게 꾸지람을 받을 때에 낙심하지 말라. 주께서 그 사랑하시는 자를 징계하시고, 그의 받으시는 아들마다 채찍질하심이니라."

하나님의 "징계"는 바로 하나님께서 당신을 받으시며 사랑하신다는 증거라고 성경에서 말하고 있는 것입니다. 5절에서 말하고 있는 바와 같이, 이러한 일을 당할 때 낙심하지 마십시오. 당신의 확신을 빼앗기지 마십시오. 오히려 이로 말미암아 당신이 하나님의 자녀라는 확신을 키우도록 하십시오.

진정한 그리스도인도 병이나 자기의 기질로 말미암아 구원의 확신을 잃을 수 있다

어떤 그리스도인은 이전에 구원에 대하여 전혀 의심해 본 적이 없음에도 아주 심하게 아프거나 죽음이 다가오면 확신을 잃는 경우가 있습니다. 그리고 어떤 사람들은 정신적, 감정적 기질로 인하여 하나님과의 관계에 대하여 다른 사람보다 쉽게 의심하는 경향을 보이기도 합니다.

위대하고 경건한 그리스도인들 가운데는, 아무리 큰 어려움이 닥쳐와도 구원의 확신에 관해 견고하다가도 임종에 이르러서는 심각한 의심을 하는 사람이 많다는 사실을 알면 당신은 놀랄 것입니다. 물론 이러한 순간에 이르러서야 자기가 오랫동안 위선적인 삶을 살아 온 것을 드러내는 사람도 있을 것입니다. 그러나 진정한 그리스도인이라고 할지라도 심한 병에 걸렸을 때에는 자기의 영혼이 안전한지에 대하여 의심을 할 수 있습니다. 죽음과 심판이 눈앞에 다가오고 있다는 것을 알면 매우 두려운 것이 사실입니다. 또한 몸이 아프면 당신의 사고 방식에도 영향을 끼칩니다. 심각한 병을 앓고 있는 사람에게 하나님께서 놀라운 평강과 안정감을 주실 때도 많이 있지만, 진정한 그리스도인 중에는 의심과 염려 속에 죽어 가는 사람도 있습니다.

병든 사람이 확신을 잃는 것은 자기가 구원받을 때의 경험을 돌이키며 자기가 충분히 이해했는지, 그리고 정말로 진지했는지 등에 대하여 생각하기 때문일 때가 많습니다. 그들은 그리스도께 올바른 반

확신을 잃게 하는 것들

응을 보여 왔는지에 대하여 걱정을 합니다.

  그러나 병이 있건, 혹은 건강하건 간에, 이전에 당신이 그리스도께 돌아왔는지에 대하여 의심이 든다면 지금 바로 주님께 나아가야 합니다. 과거에 어떤 일이 일어났는지를 걱정하기보다는 지금 회개하고 믿어야 합니다. 예수님께서 십자가 위에 있던 강도를 받아들이신 것처럼 병들거나 연약한 중에 있는 당신의 믿음을 보고 당신을 받아 주실 것입니다.

  어떤 경우에는 정신적인 질병으로 인하여 전혀 확신할 수 없는 경우가 있습니다. 그들의 의심은 심리학적인 문제이거나 뇌의 기능상의 문제이거나 다른 원인 때문일 수 있습니다. 그런 경우에는 경건한 조언뿐만 아니라 의학적 치료도 병행되어야 합니다.

  그러나 더 흔한 문제는 기질에 의한 것입니다. 영국 청교도 중에서 가장 뛰어난 목사는 아마도 리처드 백스터일 것입니다. 그는 사람들을 돌보는 면에 있어서 목사들의 본이 되었습니다. 그리고 그의 저서들은 350년이 지난 지금에도 수없이 팔리고 있습니다. 그는 경건한 사람들이 오랫동안 확신이 없이 지내는 "가장 일반적인 이유"가 우울한 기질 때문임을 알았다고 했습니다. 어떤 사람들은 기질상 좀더 쾌활한 반면 어떤 사람들은 우울한 기질을 가지고 있으며, 어떤 사람들은 자연적으로 세상을 긍정적으로 보지만 어떤 사람들은 쉽게 실망에 빠집니다. 자기 자신을 평가해 보지도 않고 자기의 삶 정도면 충분하다고 생각하는 사람이 있는가 하면, 어떤 사람들은 천성적으로 지나치게 자기의 삶을 부정적으로 생각합니다. 여기서 두 번째 부류에 속하는 사람들은 자기의 구원에 대하여 좀더 쉽게 의심하는 경향이 있습니다. 원래 쾌활한 기질을 가지고 있는 사람은 구원에 대하여 오랫동안 의심하며 갈등하는 사람들을 잘 이해하지 못하며, 기본적으로 우울한 기질을 가지고 있는 사람들은 흔들리지 않는 견고한 구원의 확신을 가진다는 것이 어떤 것인지 상상조차 하지 못합니다.

우울한 기질을 가진 그리스도인 중에 윌리엄 카우퍼가 있습니다. 그는 1731년부터 1800년까지 살았던 영국인입니다. 기독교 역사 위인전에서는 그에 대하여 다음과 같이 기록하고 있습니다. "그는 본성적으로 우울에 빠지거나 염려를 잘하는 편이었습니다.… 그는 영적인 의심에 사로잡히곤 하였습니다.… 그리하여 때때로 깊은 실망에 빠지곤 했습니다. 생의 마지막 십년 혹은 그 이상을 그는 깊은 우울 속에 지냈으며, 하나님께서 자기를 버리셨다고 생각하며 살았습니다."

평생 동안 확신의 부족과 싸우며 살았지만, 카우퍼는 자기의 의심을 올바른 방법으로 다루었습니다. 그는 상태가 올라갈 때도 있었고 내려갈 때도 있었지만, 확신을 얻기 위하여 열심히 싸웠고, 진리를 강화함으로써 의심을 대적했습니다. 이 때문에 확신의 빛 가운데 주님과 동행한 적도 있었으며, 하나님께서는 그의 이러한 갈등을 사용하셔서 지금까지 헤아릴 수 없을 정도의 그리스도인들을 축복하셨습니다. 윌리엄 카우퍼는 확신과 믿음에 관한 다음과 같은 불멸의 시를 남겼습니다.

주 하나님 크신 능력 참 신기하도다.
바다와 폭풍 가운데 주 운행하시네.

검은 구름 우리들을 뒤덮을지라도
그 자비하신 은혜로 우리를 지키네.

연약하여 흔들릴 때 주 의지하여라.

확신을 잃게 하는 것들

어두운 구름 너머로 주 얼굴 보이네.

어둠에서 소경같이 헤맬지라도
주 나를 불쌍히 보사 앞 길을 비추리.

윌리엄 카우퍼는 다음과 같은 확신에 찬 시도 지었습니다.

샘물과 같은 보혈은 임마누엘의 피로다.
이 샘에 죄를 씻으면 정하게 되겠네.
정하게 되겠네. 정하게 되겠네.
이 샘에 죄를 씻으면 정하게 되겠네.

만약 자신의 말과 행동과 생각과 동기 등에 대해 지나치게 생각한다면, 이는 당신 자신에게 초점을 맞추고 있는 것입니다. 이것 또한 자기 중심적 사고 방식입니다. 하나님과 그리스도께서 하신 일에 초점을 맞추어야 마땅한 시점에 당신 자신에게 초점을 맞추고 있는 것입니다. 이는 마치 거대한 망원경으로 하늘을 바라보는 대신에 당신 자신에게 들이대고 있는 것과 같습니다. 이것이 지나치면 항상 실망할 뿐인데, 이는 그리스도인답지 않은 죄와 약점들이 항상 발견되기 때문입니다. 대신에 당신의 렌즈를 하나님께 고정시키고 하나님과 그리스도께서 하신 일에 초점을 맞추십시오.

진정한 그리스도인도 하나님께서 임재하심과 복을 거두어 가시는 것처럼 보일 때 확신을 잃을 수 있다

그리스도인은 누구나 영적 침체기를 거칩니다. 우리의 믿음의 조상

들은 이러한 시기를 하나님께 버림받은 것 같은 느낌이 드는 시기라고 말했습니다.

예수님께서 당신을 절대로 버리거나 포기하지 않으시겠다고 약속하셨는데도 불구하고, 마치 버림받은 것처럼 느껴질 때 당신은 어떻게 하겠습니까? 물론 어떤 사람들은 자기가 하나님의 자녀가 아니라는 생각부터 할 것입니다. 우리의 기도에 응답하지 않으시는 것처럼 보일 때 우리는 어떻게 생각해야 합니까? 성경을 읽거나 예배에 참석해도 하나님을 전혀 느끼지 못할 때 우리는 어떻게 해야 합니까? 과거에는 명확해 보이던 하나님의 축복이 지금은 사역에서나 가정에서나 자신에게서 떠나간 것처럼 보일 때 우리는 어떻게 생각해야 합니까?

기도에 극적으로 응답받으며, 예배를 드릴 때 하나님의 임재하심을 느끼고, 당신의 사역과 가정 생활에 복을 내리시는 것을 볼 때에는 구원을 확신하기가 쉽습니다. 그러나 이런 모든 것들이 사라질 때에는 확신하기가 그리 쉽지 않습니다.

시편 102:1-7에서는 하나님께서 등을 돌리신 것처럼 보일 때 믿는 자가 어떻게 느끼는지를 보여 주고 있습니다.

> 여호와여, 내 기도를 들으시고
> 나의 부르짖음을 주께 상달케 하소서.
> 나의 괴로운 날에
> 주의 얼굴을 내게 숨기지 마소서.
> 주의 귀를 기울이사
> 내가 부르짖는 날에
> 속히 내게 응답하소서.
> 대저 내 날이 연기같이 소멸하며

내 뼈가 냉과리같이 탔나이다.
내가 음식 먹기도 잊었음으로
내 마음이 풀같이 쇠잔하였사오며,
나의 탄식 소리를 인하여
나의 살이 뼈에 붙었나이다.
나는 광야의 당아새 같고
황폐한 곳의 부엉이같이 되었사오며,
내가 밤을 새우니
지붕 위에 외로운 참새 같으니이다.

오늘날 진정한 그리스도인들도 이와 같은 느낌을 가질 수 있습니다. 그리고 이럴 때, 하나님께서 자기를 구원하셨는지를 확신하지 못할 수 있습니다.

하나님께서는 왜 그렇게 하실까요? 우선, 하나님께서 실제로 우리를 떠나시지는 않았다는 것을 기억해야만 합니다. 내가 다니는 길 양옆에는 오래 된 단풍나무가 늘어서 있는데, 잎이 많은 가지가 길 건너 반대편 나무의 가지에까지 뻗어 길 위를 덮기도 합니다. 햇빛이 찬란한 날에 산책을 할 때면, 나는 햇빛이 쬐는 밝은 곳과 그늘진 곳을 번갈아 지나칩니다. 그러나 태양은 두 곳에 다 가까이 있습니다. 차이가 없습니다.

그리스도인으로 살아가다 보면, 우리는 하나님께서 가까이 계신다는 따스한 느낌과 빛을 느낄 때도 있지만, 하나님의 임재하심을 전혀 느끼지 못하고, 영적인 것들은 어둠에 휩싸여 하나도 보이지 않을 때가 있는데, 이때에도 하나님께서는 이전과 마찬가지로 우리와 가까이 계십니다.

하나님께서는 그분이 임재하고 계신다는 느낌을 우리에게서 거두실 때가 있으며, 우리의 범죄로 말미암아 하나님의 축복을 느끼지 못할 때도 있지만, 일단 우리를 구원하실 때 우리에게 들어오신 하나님께서는 우리를 절대로 떠나시지 않습니다. "내가 과연 너희를 버리지 아니하고, 과연 너희를 떠나지 아니하리라"(히브리서 13:5). 그러나 하나님의 임재하심을 느끼지 못하게 하시는 이유 중의 하나는, 우리가 "믿음으로" 행하고 "보는 것으로" 행하지 않도록 하기 위함인 경우도 있습니다(고린도후서 5:7). 그리고 우리의 확신의 근거를 오직 우리 주 예수 그리스도께만 두도록 하기 위한 경우도 있습니다.

우리는 자연스럽게 감정과 기억에 남을 만한 경험과 영적 은사와 하나님의 축복의 증거와 혹은 부모나 목사나 전도자의 확인하는 말에 확신의 토대를 두고 싶어하는 경향이 있습니다. 하나님께서는 우리가 하나님의 성품과 예수 그리스도의 하신 일만을 의뢰하기를 원하십니다.

하나님께서는 또한 우리가 형통할 때도 감정에 의해서 살지 않으며, 흑암 중에는 믿음으로 사는 것을 배우기 원하십니다. 기도가 응답되거나 예배가 감동적이거나 그리스도인의 모든 삶이 형통할 때에는 신실한 믿음을 갖기가 쉽습니다. 그러나 하나님께서는 기도 응답이 오지 않는 것처럼 보일 때도 우리가 기도하며, 우리의 순종에 하나님께서 축복하지 않으시는 것처럼 보일 때에도 순종하는 삶을 살기 원하십니다.

흔들리는 당신의 확신을 진리로 견고하게 하십시오. 시편 42:5에서 시편 기자는 다음과 같이 말합니다.

> 내 영혼아, 네가 어찌하여 낙망하며,
> 어찌하여 내 속에서 불안하여 하는고?

확신을 잃게 하는 것들

너는 하나님을 바라라.
그 얼굴의 도우심을 인하여
내가 오히려 찬송하리로다.

추가 적용

꾸준히 죄를 자복하고 버리는 사람은 죄에서 구원받았다는 확신을 갖기가 쉽습니다. 죄는 우리의 모든 영역에 영향을 주고 있기 때문에 우리의 말과 행동과 생각의 어느 부분도 죄에서 정결하지 않습니다. 그러나 이런 식으로 우리 삶에 항상 죄가 있다고 말하는 것과 어떤 구체적인 죄에 대하여 성령께서 깨우쳐 주심에도 지속적으로 이를 다루기를 거절하는 것과는 차이가 있습니다. 당신에게 확신이 결여되어 있다면, 하나님께서 당신에게 명백히 죄라고 하셨는데도 당신이 자복하고 버리기를 거절한 것은 없습니까? "성령을 소멸치 말며"(데살로니가전서 5:19)라고 성경에서는 말합니다. 성령께서 당신의 마음에 깨달음을 주셨는데도 당신이 이에 물을 끼얹는다면, 확신이 없는 것이 전혀 이상하지 않습니다. 그러나 하나님께서는 우리가 확신을 갖기를 원하십니다. 우리는 순종을 통해 확신을 얻어낼 수는 없습니다. 그러나 하나님께서는 순종하는 자에게 확신을 더해 주십니다.

예수님의 제자로서 영적 훈련에 힘씀으로 영적 게으름을 떨어 버리는 사람은 예수님에 의해 구원받았다는 확신을 갖기가 쉽습니다. 예수님께서는 자기를 믿은 유대인들에게 다음과 같이 말씀하셨습니다. "너희가 내 말에 거하면 참 내 제자가 되고"(요한복음 8:31). 예수님의 말씀에 적극적으로 순종하는 사람은 예수님의 제자라는 확신을 갖기가 쉽습니다. 물론 그리스도인의 행동을 한다고 해서 그리스도인이 되는 것은 아니지만, 그러나 성경에서 가르치는 그리스도인의 삶의 방식대로 살아가지 않는 사람에게는 확신이 생기지 않습니다.

사탄의 공격을 알고 이에 대항하여 싸우는 사람은 그들이 사탄의 권세에서 구원받았다는 확신을 갖기가 쉽습니다. 사탄의 공격에 대하여 우리는 바울과 같이 담대하게 말할 수 있습니다. "우리가 그 궤계를 알지 못하는 바가 아니로라"(고린도후서 2:11). 우리는 사탄이 확신을 빼앗아 가려고 한다는 것을 알고 있습니다. 그에게 진리로 맞서십시오. 로마서 8:33-34과 같은 구절로 확신을 견고히 하십시오. "누가 능히 하나님의 택하신 자들을 송사하리요. 의롭다 하신 이는 하나님이시니 누가 정죄하리요. 죽으실 뿐 아니라 다시 살아나신 이는 그리스도 예수시니, 그는 하나님 우편에 계신 자요, 우리를 위하여 간구하시는 자시니라."

극한 시련과 어려운 환경 속에서도 하나님을 의뢰하고 믿음을 지키는 사람은 영원한 형벌에서 구원받았다는 확신을 갖기가 쉽습니다. 지금 믿음 안에 견고히 서 있다는 것이 아무리 어렵게 보일지라도 포기하지 마십시오. 인내를 통해 확신에 이를 수 있습니다. 믿음처럼, 확신도 시련 가운데 성장합니다. 어떤 환경이나 시련이 아무리 힘들고 오래 지속되어도, 이로 인해 당신을 향한 그리스도의 사랑을 의심하지는 마십시오.

병이 나거나 우울한 기질에도 불구하고 하나님의 성품과 그리스도께서 하신 일과 성경의 약속을 지속적으로 의뢰하는 사람은 영원한 근심과 고통에서 구원받았다는 확신을 갖기가 쉽습니다. 당신이 육체적 감정적 연약함으로 인하여 또는 기질적인 문제로 인하여 확신의 문제와 갈등하고 있다면, 진리를 의지하는 법을 반드시 배워야 합니다. 그렇게 하지 않으면 당신은 늘 확신을 갖기 위해 애를 쓰게 될 것입니다.

　어떤 사람들은 확신의 문제와 싸우다 지쳐서 하나님께서 자기를 버리셨거나, 아니면 확신을 얻는 것 그 자체가 잔인한 장난이라고 결론을 내리기 쉽습니다. 어떤 대안도 받아들이지 마십시오. 하나님의 성품과 그리스도께서 하신 일과 성경의 약속에 대한 진리를 더욱 배우기 위하여 설교, 그리스인의 교제, 성경 읽기, 그리고 경건한 영적 서적들을 활용하십시오.

　하나님께서 자기를 버리신 것처럼 보일 때도 하나님께 지속적으로 순종하고 믿음으로 동행하는 사람은 하나님과 영원히 분리되는 형벌에서 구원받았다는 확신을 갖기가 쉽습니다. 하나님의 영광을 위하여 지속적으로 살아간다면, 확신이 없다가도 이내 확신을 회복하는 것을 경험할 수 있을 것입니다. 확신의 감정이 생기지 않을 때에도 하나님께 지속적으로 순종함으로써 하나님을 영광스럽게 한다면, 당신은 확신을 갖고 싶어하는 당신의 감정보다 하나님의 유익을 먼저 구하는 태도를 드러내고 있는 것입니다. 하나님께서는 그러한 사람에게 확신을 주기를 기뻐하십니다. 하나님께서 복을 주신다는 느낌이 없어도, 혹은 자기의 순종에 아무런 상급이 따른다는 느낌이 없어도, 지속적으로 순종하고자 하는 사람이 하나님의 자녀 이외에 어디 있겠습니까?

　천로역정에 나오는 크리스천을 기억하십니까? 그에게 영광의 성에 들어갈 수 있다는 확신을 주었던 두루마리를 그는 잃어버렸습니다. 어디에서 잃어버렸을까를 생각하다가 그는 자기가 잠들었던 곳에서 잃어버린 것이 틀림없다고 생각했습니다. 그는 자기가 두루마리를 잃었던 곳으로 되돌아와서야 비로소 확신을 회복하게 되었습니다.

　당신은 확신을 잃어버렸습니까? 어디에서 잃어버렸습니까? 다시 그곳으로 되돌아가십시오. 그곳에서 확신을 다시 찾을 수 있게 될 것입니다.

제 8 장

확신과 연관된 공통적인 문제들

구원의 확신이 견고해질수록, 우리의 삶과 행동은
더욱 겸손하고 안정되며 더욱 신중하게 됩니다.
- 존 머리

몇 년 전에 나는 한 가정을 방문했습니다. 일곱 살 난 그 집 딸아이가 그리스도를 믿는다고 하기에 그 애의 영적 상태를 알아보기 위한 것이었습니다. 늘 하던 대로 나는 몇 가지 질문을 던지며 신중하게 진행하였습니다.

하나님과 분리되었다는 것과 복음의 중요성에 대하여 얼마나 이해하고 있는지를 알아보기 위하여 나는 "모든 사람이 그리스도인이라고 생각하니?"라고 질문을 하였습니다.

죄를 깨닫고 있는지를 알아보기 위해서는 "죄가 뭐라고 생각하니? 너도 죄를 지었다고 생각하니?"라고 부드럽게 물었습니다.

복음에 대해서는 얼마나 알고 있는지를 알아보기 위해서는 다음과 같이 접근하였습니다. "만약 네 친구가 너처럼 그리스도인이 되고 싶다고 한다면 너는 무엇이라고 말해 줄 수 있겠니?"

이런 주의 깊은 질문을 통해 나는 그 아이가 예수님을 사랑하고 있는지와 더불어 예수님의 필요성을 알고 있는지 알기 원했습니다.

그리고 나서 나는 부모에게 말했습니다. "부모님들께서는 날마다 따님을 보기 때문에 분명 저보다 훨씬 많이 아실 것입니다. 딸아이가 믿는다고 한 후에 변화된 것이 있습니까? 오직 부모님만이 아실 수 있는 것이지만, 죄에 대하여 더욱 민감해지거나 영적인 것에 대한 갈망이 생기거나, 혹은 하나님을 기쁘시게 하고자 하는 열망이 커졌습니까?"

엄마의 얼굴에 점차 짜증스런 빛이 감도는 것을 보아 그가 이러한 대화의 필요성을 이해하지 못하고 있다는 것을 알 수 있었습니다. 엄마는 단지 딸아이가 "예수님께 제 마음에 들어오시도록 기도했어요"라고 스스로 말했기 때문에, 다음 주일에 내가 그 애에게 세례를 주었으면 하고 생각했던 것입니다(이 기도문에 대해서는 나중에 언급하도록 하겠습니다).

그러나 내가 다음과 같이 말하자 그 엄마의 태도는 변하기 시작했습니다. "제가 어린아이들에게 신중하게 대하는 이유는 진정으로 거듭난 사람이 나중에 어린 시절의 결신에 대하여 의심을 품고 갈등하는 것을 보고 싶지 않기 때문입니다. 만약 딸아이가 진정으로 복음을 이해하지도 못하고 올바로 반응하지도 않았다면, 우리는 이를 잘 알아야 합니다. 그러나 그 애가 진정으로 구원을 받았다면, 우리는 하나님과 그 아이의 관계를 분명히 깨닫도록 도와 줌으로써 그 아이가 지금뿐만 아니라 나중에도 축복을 누리게 해줄 수 있을 것입니다."

그러자 아이의 엄마는 자신도 역시 어린 시절에 믿음을 고백했다는 사실을 밝혔습니다. 그러나 사춘기 이후로 계속 자신은 어린 시절에 진정으로 구원을 받았는지에 대하여 항상 의심 가운데 있었다고 했습니다. 그렇게 오랜 세월 동안 구원에 대하여 확신하지 못하고 지냈다는 사실에 거북함을 느낀 그녀는 어느 누구하고도 자기의 갈등을 나누지 않았습니다. 그러나 그녀는 딸아이가 자기와 같은 고민을 겪지 않도록 도와주고 싶었던 것입니다.

이 이야기는 본 장에서 소개하고자 하는 구원의 확신과 연관된 몇 가지 공통적인 문제들의 전형적인 모습을 보여 줍니다.

어린 시절에 믿은 사람들은 구원을 확신하는 데에 어려움을 경험할 수도 있다

예배를 마친 후, 우리 집에서 있었던 교제 겸 성경 토론 시간에 한 여성이 다음과 같이 말했습니다. "어떻게 진정으로 거듭난 사람이 자기가 구원받은 것에 대하여 의심을 가질 수 있는지 이해할 수 없어요."

처음에는 이 말을 듣고 염려가 되었으나, 그녀가 왜 그렇게 이야기하게 되었는지를 이해하게 되었습니다. 지금 40대인 그녀는 30대 말까지도 그리스도를 믿지 않았습니다. 의식(儀式)을 중요시하는 종교적 분위기 가운데 성장했지만, 대학을 졸업할 때까지 그녀는 무신론자였습니다. 15년 동안 하나님께서 계시지 않는다는 것을 주장하며 이를 뒷받침하기 위하여 철학과 심리학 서적을 탐독하였습니다. 하나님께서 복음의 진리를 깨닫게 하셔서 주님께로 인도하신 후에, 그녀는 마음뿐만 아니라 모든 삶이 완전히 바뀌었습니다. 그녀는 너무도 명확하고 빠르게 어두움에서 빛으로 나아왔습니다. 너무도 극적인 변화였기 때문에 그녀는 자신의 구원에 대하여 전혀 의심하지 않았습니다.

그녀의 간증을 들으면서 나는 그녀와 같은 경험을 가진 사람은 확신하는 데에 어려움을 거의 느끼지 않는다는 사실을 깨달았습니다. 반면에 또한 나는 동전의 또 다른 면을 생각하기 시작했습니다.

그리스도를 따른 것 외에는 별다른 기억이 없는 사람은, 어른이 되어서 믿었거나 혹은 극적인 변화를 경험한 사람이 가지지 않는 의심을 가질 수 있다

내가 아홉 살 때 주님께서는 나의 죄를 깨닫게 하시고, 그리스도의 필요성을 느끼게 하셨으며, 그분께로 나를 이끄셔서 구원하셨습니다. 그리스도인 가정에서 자랐고, 성경 말씀을 잘 가르치는 교회에 출석하였습니다. 그래서 세속적인 가치관이 어떤 것이며, 경건치 않은 생활 방식이 어떤 것인지에 대해 전혀 알지 못했습니다. 그리스도인이 되지 않으면 어떻게 될 것인지에 대하여서는 거의 생각해 본 적이 없습니다. 그리고 나의 모든 삶은 오직 기독교와 성경에 의해서 영향을 받았습니다. 나의 삶에 일어난 변화는 어른이 되어서 믿은 사람들처럼 극적이거나 분명하지는 않았습니다. 나는 어린 시절부터 그리스도를 아는 특권을 가진 것에 대하여 매우 감사하게 생각하지만, 어린 시절에 믿은 사람은 나중에 여러 가지 질문 거리를 갖게 됩니다. 즉 다음과 같은 마음을 갖는 경향이 있게 됩니다. "나는 지금까지 한 가지 삶의 방식만을 따라 살아 왔어. 나의 기독교적인 삶은 단지 내가 몸담아 온 곳의 문화 때문인가, 아니면 진정으로 거듭났기 때문인가?"

오직 그리스도를 따른 것 외에는 다른 기억이 별로 없는 사람은 왜 어른이 되어서 그리스도를 믿은 사람이나 극적인 변화를 경험한 사람은 갖지 않는 의심을 때때로 갖게 됩니까? 한 가지 이유는 어려서 믿은 사람은 어른이 되어서 믿은 사람보다 구원을 받기 전후의 삶을 명확하게 대비시킬 수 없기 때문입니다.

오랫동안 그리스도를 떠나 죄 가운데 살았던 것을 생생하게 기억하며, 믿은 이후에 삶에 일어난 셀 수도 없을 정도의 많은 변화들을

분명하게 파악하고 있다면, 오직 한 가지 삶과 사고 방식만을 경험한 사람들보다는 자신이 받은 구원에 대하여 확신하기가 더욱 쉬울 것입니다. 어려서부터 하나님과 성경을 알았던 사람은, 어느 정도 인생을 살고 나서 예수님을 믿은 사람들의 간증과 자기의 경험을 비교해 보고는 너무나도 차이가 나기 때문에, 자기가 진정으로 구원을 받았는지에 대하여 의심을 가질 수가 있습니다.

이미 내가 강조하였듯이, 어린 시절이나 믿은 초기의 경험은 나중에 생기는 열매보다 구원을 받았다는 사실을 확실하게 증명할 수 없습니다. 진정으로 중요한 것은 당신이 믿을 때에 무엇을 말하며 어떤 행동을 했느냐가 아니라, 지금 당신이 무엇을 믿으며, 무엇을 하고 있느냐입니다. 구원의 확신을 얻는 데에는 과거의 것을 뒤돌아 보는 것이 중요하지 않고, 현재 당신이 무엇을 믿으며, 무엇을 하고 있느냐를 살펴보는 것이 중요합니다.

어린 시절의 유형적 사고는 어른의 추상적 사고와 다르다

어린 시절에 우리는 사물을 보다 유형적(有形的)으로 생각하며, 성장해 가면서 보다 추상적인 개념에 대해 생각하는 것을 배워 가게 됩니다. 예를 들어, 아홉 살짜리 어린이는 성경에 나타난 예수님의 말씀에 순종한다는 것의 의미는 이해할 수 있어도, 그리스도의 주재권에 대해서는 설명하기가 어려울 것입니다. 예수님께서 자기의 죄를 대신하여 죽으시고, 자기의 모든 죄를 용서하셨다는 사실을 이해할 수는 있어도, 성경에서 대속(代贖)이나 화목(和睦)이라는 말이 나오면 거의 이해할 수 없을 것입니다. 그런 말들에 대해 어른들과 같이 깊이 있게 이해하기 전이라도 하나님께서는 아이들에게 자기의 죄를 회개하고 그리스도를 믿는 믿음을 주실 수 있습니다.

어른과 아이의 사고의 차이 때문에, 나는 어린아이에게 "예수님께서 네 마음(heart)에 들어오시도록 기도해"라고 이야기할 때 조심하는 편입니다. 어린아이 중에서는 heart를 '마음'이 아니라 '심장'으로 이해하여, 자기의 심장(heart) 속에 살아계신, 그들이 생각하기에 작고 만질 수 있는 예수님을 잃어버리기가 싫어서 심장 수술을 겁내는 아이도 있었기 때문입니다. 우리는 아이들이 쉽게 이해할 수 있는 말로 설명해 주어야 합니다.

그러나 종종 아이들은 단지 유형적인 것을 생각할 수준에 있을 때에도 거듭날 수 있습니다. 그리고는 이 장의 첫 부분에 소개한 그 엄마의 경우처럼 5년 내지 10년이 지나서 확신의 문제에 봉착하게 되는 경우가 있습니다. 십대 시절, 추상적인 사고를 할 수 있는 능력이 자라기 시작할 때, 단순하게 생각하던 과거를 되돌아보고는 그때 자기가 그리스도인이 될 만큼 충분히 이해하였는지에 대하여 의구심을 가지게 됩니다. 그 결과, 자기가 정말로 그 어린 나이에 구원을 받았는지에 대하여 의심을 품고는 괴로워합니다.

다시금 우리가 유념해야 할 중요한 것은, 과거에 당신이 얼마나 알았느냐, 혹은 믿는 순간에 얼마나 진지했느냐, 아니면 수년 전 그 당시의 당신의 동기가 무엇이었느냐를 규명하는 데 초점을 맞추어서는 안 된다는 것입니다. 수년 전에 일어난 일을 머리 속으로 재구성하여 당신의 믿음을 확증하려는 시도는, 당신이 세상에 태어났을 때 생명이 있었다는 것을 입증하기 위하여 당시를 돌아보는 것과 다를 바가 하나도 없습니다. 중요한 것은 바로 "나는 지금 그리스도인의 증거가 드러나고 있는가? 나는 오늘 예수님을 사랑하고 있는가? 나의 구원을 위해 오직 그리스도만을 의뢰하고 있는가? 아니면 나의 행한 것을 의뢰하는가? 아니면, 그리스도와 나의 행위를 함께 의지하고 있는가?"라고 질문하는 것입니다. 당신이 지금 새롭게 되었느냐에 비하면 당신이 거듭난 시점을 제대로 아는 것은 그리 중요한 일이 아닙니다.

성숙해 가면서 확장된 삶의 영역에 대해서도 예수 그리스도의 주재권을 인정해야 한다

어린 시절에 구원을 받은 사람이 성장하면서 구원을 확신하는 데에 어려움을 느끼는 또 다른 이유가 있습니다. 성장하면서 책임이나 특권이 많아지는데 이런 면에서는 그리스도의 주재권을 인정하는 면에서 성장하지 못했기 때문입니다.

조그만 원을 하나 그리고, 이것이 아홉 살 난 어린이의 생의 전부라고 해봅시다. 그 아이는 자기 삶의 모든 것이 예수님께 속함을 알고 있습니다. 그리고 모든 영역에서 그리스도께 순종해야 함을 알고 있습니다. 이제 그 원 주위에 좀더 큰 원을 그려 봅시다. 이 원은 그 아이가 18세가 되었을 때의 삶을 나타냅니다. 그의 삶의 영역은 확장되어 아홉 살 때에는 전혀 상상하지도 못하던 영역도 포함되었습니다. 이성과의 관계도 포함됩니다. 또한, 직업이나 금전 사용에서의 청지기 의식, 직업과 대학의 선택, 그리고 그외 수많은 것이 있습니다.

이러한 영역 중에서 그리스도의 주재권 아래에 의도적으로 둔 영역이 없을 수도 있는데, 이로 말미암아 십대의 그 그리스도인은 구원의 확신을 감정적으로 느끼는 면이 약화될 수 있습니다. 돈을 쓰면서도 다음과 같은 생각은 전혀 하지 못했을 것입니다. "나도 알다시피, 이것은 하나님의 돈이야. 내가 이렇게 쓰는 것에 대하여 하나님께서 기뻐하실지 모르겠어." 그는 다음과 같은 생각을 해보지 않았을지도 모릅니다. "그리스도인으로서 나는 이성과의 관계에서 그리스도를 중심에 모셔야만 해." 이러한 영역에서 그리스도인답게 생각하기 전까지는 이러한 영역에서 다른 불신자 친구들이 하는 것과 동일하게 행할 것입니다. 이러한 기간에 그는 자신이 진정으로 구원을 받았는지에 대하여 확신하지 못하고 갈등을 느낄 것입니다. 만약 당신이 그에게 삶의 모든 영역에서 그리스도께 순종해야 하느냐고 묻는다면, 그는 아마도 즉시 '예'라고 대답할 것입니다. 그러나 그렇게 대답하더라도, 성장하는 과정에서, 자기 삶의 일부 영역이 그리스도께서 그에게 원하시는 것을 전혀 고려하지 않은 채 발전되어 왔다는 것을 의식하고 있지 못할 수도 있습니다.

이런 시점에서, 어린 시절의 회심이 사실이었느냐는 의심에다 그의 현재의 영적인 상태에 대한 성령의 책망이 겹치면, 종종 영적인 전기(轉機)를 맞습니다. 어떤 사람들은 이것을 "예수님을 삶의 주님으로 삼는다"라고 부르기도 합니다. 그러나 그가 삶의 모든 영역을 그리스도의 주재권 아래 두는 삶으로 돌아가고 있다고 말하는 것이 더 정확할 것입니다. 어린 시절 구원받을 때 비록 단순하기는 하지만 그는 그리스도의 주재권에 자신을 드렸었기 때문입니다. 그는 다시금 삶의 모든 영역을 애써 그분의 뜻에 굴복시키고 있습니다. 특별히 이전에는 전혀 주님을 의식하지 않았던 영역에 대해서는 더욱 그러할 것입니다.

우리는 지금 어린 시절에 진정으로 거듭난 사람의 경험에 대하여 말하고 있다는 것을 기억하십시오. 나는 "그리스도를 주님으로 삼는" 경험을 삶 속에서 한 사람들은, 어린 시절이 아니라 바로 이 경험을 할 때 실제로 거듭나게 되었다고 믿습니다. 많은 그리스도인들이 이러한 경험을 했으며, 비록 이러한 경험을 제각기 다른 이름으로 부른다고 해도, 이것은 그들이 자기가 한 경험과 구원의 관계를 이해하는 데에 도움을 줄 것입니다.

이러한 일은 십대에서만 일어나는 것이 아니라 열 살 때도 일어날 수도 있고, 혹은 서른 살 때도 일어날 수 있습니다. 사실상, 보다

소규모로는 그리스도인의 삶을 살아가는 동안 내내 이러한 변화가 일어납니다. 성숙한 그리스도인이라 할지라도 어떤 일을 하나님의 뜻을 알아보지도 않고 행하고 있었다는 것을 깨닫고는 회개하곤 합니다.

어떤 의미에서는, 그리스도의 주재권을 삶의 세세한 영역에까지 적용해야 한다는 것을 보다 충분히 이해하고 있는 그리스도인에게 있어서 이러한 경험은 일상적이라고 볼 수 있습니다. 60년 동안 신앙 생활을 해온 한 여인은 문득 자기가 일생 사용해 온 어떤 표현이 하나님께 합당치 않다는 것을 깨달았습니다. 하나님께 이를 자백하고, 자기가 사용하는 어휘에서 이를 제하기 시작했는데, 이는 십대들이 영적인 전기를 맞이하여 경험하는 것과 정도면에서는 차이가 있을지언정, 그 본질은 동일합니다.

어린 자녀를 키우며 가사를 돌보는 어머니의 경우에 확신을 누리는 데에 특별한 어려움을 겪을 수 있다

나의 경험으로 볼 때, 가사만을 돌보는 어머니들은 확신의 문제에서 갈등을 하는 그리스도인의 한 그룹을 형성하는 것으로 보입니다.

이에 대하여 나는 몇 가지 원인을 추측할 수 있을 뿐입니다. 집에서 기저귀를 갈고, 청소하고, 빨래하고, 아기에게 젖이나 우유를 먹이고, 씻기고, 재우는 등의 일이 집 바깥에서 하는 직장 생활보다 중요하지 않다고 느끼는 여성들은 온갖 종류의 의문에 빠질 수 있는데, 영적인 것도 예외는 아닙니다.

이는 마음속에 진리를 강화시켜 주어야만 해결이 되는 또 다른 상황입니다. 바깥에서 하는 일이 집에서 그리스도인다운 어머니로서 하는 일보다 더 중요한 것이 아니라는 것은 분명한 진리입니다.

대개 어머니들은 시장이나 회사에서처럼 매일 혹은 매월 자기가 한 일의 결과를 보지는 못할 것입니다. 이것이 또한 확신이 결여되는 이유가 됩니다.

집안 일을 돌보는 여성들은 자기가 하고 있는 일에 대해 좀더 장기적인 안목을 가질 필요가 있습니다. 이러한 문제가 확신의 문제와 결부될 때, 나는 다음과 같이 말씀드리고 싶습니다. 어머니로서의 일의 중요성을 찾다가, 당신이 매일 하고 있는 일의 중요성을 기초로 하여 하나님께서 당신을 받아 주신다고 생각하는 오류를 범하지 말라는 것입니다. 하나님께서는 우리의 선행이 아니라 그분의 은혜로 우리를 구원하십니다. 하나님께서는 누구든지 - 가사를 돌보는 어머니를 포함해서 - "하나님의 아들의 이름을 믿는" 자들에게는 "영생이 있음을 알게" 하시려는 의도를 가지고 성경을 기록하셨습니다(요한일서 5:13).

가사를 돌보는 어머니들의 의심의 또 다른 원인들은 좀더 명백한 것입니다. 그중 하나로, 그들은 너무나 바쁩니다. 휴식은 사치로 여겨집니다. 지속적으로 느끼는 피로를 될 수 있는 한 주님과의 교제 시간을 자주 확보함으로써 해소하십시오. 영적 의심을 가지는 "엘리야 증후"(열왕기상 19:3-5 참조)가 생길 수 있기 때문입니다. 가사만을 돌보는 어머니들뿐만 아니라, 만성적인 피로와 격무에 지친 사람들은 누구나 예수님께서 약속하신 풍성한 삶(요한복음 10:10)을 누리고 있는지에 대하여 의심을 할 때가 있는데, 이는 전혀 놀랄 일이 아닙니다.

설상가상으로, 아이를 키우느라 종종 정기적으로 기도, 성경 공부, 교제 등을 통해 영적인 힘을 공급받는 것이 방해를 받을 수 있습니다. 아이의 병으로 인한 자신의 교회 결석, 순번으로 돌아오는 예배 시간에 아이를 보는 책임, 그리고 그 외의 여러 책임들로 인해 영적 영양 섭취가 부실해지기도 합니다. 이러한 것들은 당신의 영혼을 야위고 메마르게 합니다. 이러한 상황에 오래 머물게 되면, 혹은 자주 이런 상황에 빠지게 되면, 영적으로 쉽게 침체될 수 있습니다.

아이가 자라기 전까지는 상황이 극적으로 호전되지 않기 때문에 당신 스스로 확신을 강화시켜 주는 자원을 찾는 것이 절실합니다. 가정에서 가능한 한 많은 영적 영양분을 섭취하기 위해 노력하십시오. 매일 성경을 한 장, 혹은 적어도 한 문단 이상은 읽겠다는 적용을 하십시오. 한 엄마의 경우에는 시간을 많이 보내는 방마다 성경책을 편 채로 놓아 둠으로써 언제나 성경을 읽기 쉽게 했습니다. 어떤 날은 요리를 할 때 무엇을 끓이는 시간 외에는 성경 읽을 시간이 없을 수도 있고, 혹은 아이가 조용히 있도록 해야만 시간을 확보할 수 있는 경우도 있겠지만, 절대로 하나님의 말씀을 읽는 일을 빼먹지는 마십시오.

또 다른 제안은 설교 말씀을 방송이나 녹음 테이프를 통해 듣는 것입니다. 목사님이나 교회의 다른 사람에게서 빌릴 수도 있을 것입니다. 성경 전체가 그대로 녹음된 테이프도 있습니다. 가능하다면 탁아 시설이 되어 있는 부인 성경 공부반에 참여하십시오.

그리스도인과의 교제를 위하여 다른 믿는 여성을 한두 명 정도 점심 식사에 초대하거나 함께 차를 마시는 시간을 가지십시오. 매주 정해서 하는 것이 좋으며, 필요하다면 장소를 바꾸어 가면서 하십시오. 우리 교회의 한 부인의 경우, 수년 동안 해마다 여름이 되면 매주 야외 점심 교제 모임을 조직하였습니다. 여름이 시작될 무렵, 공원 같은 장소를 8개 내지 10개 정하여 미리 광고를 합니다. 사진과 함께 인쇄된 장소 목록을 배부합니다. 매주 우리 교회의 모든 가정 주부들이 아이들을 데리고 약속된 장소에 식사를 준비하여 모입니다. 비용도 별로 들이지 않고 큰 노력을 하지 않고도 아이들은 즐거운 놀이 시간을 가질 수 있으며, 어머니들은 교제를 충분히 즐길 수 있습니다.

집에서 아이를 키우면서 신앙 생활을 하다 보면, 육체적으로, 감정적으로, 또한 영적으로 메마를 가능성이 많습니다. 그러나 이것이 당신의 확신까지 바닥이 나야 한다는 의미는 아닙니다.

진정한 확신이 있는 사람은 영적으로 아무렇게나 살지 않는다

구원의 확신에 대해 가르치는 것을 반대하는 사람들은 대개 그것이 영적으로 아무렇게나 살게 만드는 교리라고 논박합니다. 그들의 주장은 다음과 같습니다. "하늘나라에 들어갈 것은 확신하면서도 영적으로는 헌신되지 않은 사람이 있다고 합시다. 그는 영적 게으름에 빠지게 되며, 하늘나라에 가기까지 선하고 경건한 삶을 추구하지도 않을 것입니다."

그들은 또한 "천국에 들어갈 것이라고 확신하면서도 세상 사람들과 똑같이 살아가는 사람들이 내 주위에도 수없이 많습니다"라고 말합니다. 따라서 그들은 구원의 확신을 가르치면 사람들이 스스로 속아 영적으로 냉담하며 게을러질 것이라 확신합니다.

이런 주장은, 믿지는 않으면서도 그릇된 확신을 가지고 있는 사람에게는 사실일지도 모릅니다. 그러나 스펄전의 글을 통해서 우리는 구원을 확신하는 하나님의 자녀가 그 확신에 의해 얼마나 큰 영향을 받는지를 알 수 있습니다.

다른 친구가 또 말했습니다. "그러나 내가 믿고 진정으로 구원을 받았다면 나는 아마도 '이제는 내 맘대로 살아야겠다'라고 말하게 될거야." 오, 나의 친구여! 내 맘대로 사는 것이나 살아야 할 바대로 사는 것이나 다를 바가 하나도 없다오. 당신은 만약 내가 내 맘대로 살 수 있다면 내가 어떻게 살 것 같습니까? 분명히 나는 다시는 죄를 짓지 않는 삶을 살 것이오.… 그러나 당신처럼 믿지 않는 사람이 당신 마음대로 산다면, 나는 당신의 삶의 기록을 더 이상 읽고 싶지 않습니다. 그러나 우리는 일반적인 사람들에 대하여 말하고 있는 것이 아니라 은혜에 의하여 변화되어 하나님의 자녀가 되었으며, 이제는 전혀 다른 방식으로 생을 살고자 하는 거듭난 사람에 대하여 이야기하고 있는 것입니다.

그러나 여전히 확신 반대론자들은 하나님과의 관계가 불확실한 가운데 있는 것이 좋다고 생각하고 있습니다. 매순간 구원은 위태로운 상황에 있고, 항상 하나님의 긍휼을 아슬아슬하게 누리며, 언제 하나님께로부터 떨어져서 정죄에 빠질지 모르는 처지에 있는 것이 좋다는 것입니다. 나중에 하늘나라에 들어가게 될지 혹은 지옥으로 들어갈지에 대하여 확실히 알지 못하는 것이 신실하고 선행을 행하는 삶에 가장 큰 동기력이 된다고 생각합니다.

그러나 확신을 가르치는 것에 대하여 반대하는 이러한 사람들은 구원에 대해 지나치게 행위 중심적인 관점을 가지고 있습니다. 성경에서는 하나님을 알며 하늘나라에 들어갈 것으로 확신하는 사람은 하나님을 섬기며 선행을 한다고 말합니다(마태복음 5:16, 에베소서 2:10, 히브리서 12:14, 야고보서 2:14-18). 그러나 하나님과 올바른 관계를 갖게 하고 하늘나라에 들어가게 하는 구원은 하나님의 은혜로 이루어집니다(에베소서 2:8-9). 그리고 오직 하나님의 은혜로 구원받았다는 것을 분명하게 안다면, 어찌 교만, 편견, 방종에 빠질 수 있겠습니까? 만약 사람이 구원 여부를 결정하는 주된 요소라면, 그러한 구원은 불확실합니다. 그러나 구원이 하나님의 일이라면, 하나님께서 당신을 위하여 해주신 일을 확신하는 것은 당신의 영적인 신실함을 절대로 떨어뜨리지 않을 것입니다.

사실은 정반대입니다. 구원을 확신하면 오히려 더 충성스런 삶을 살게 됩니다. 당신은 하나님께 너무나 감사하여 그분을 섬기고 그분을 위해 살기를 원하게 되는 것입니다.

구원의 확신을 가진 사람이 있었다면, 그는 바울입니다. 그러나 그는 이로 인하여 영적으로 아무렇게나 살지는 않았습니다. 오히려 한층 더 신실한 삶을 살았습니다. 감옥에서 편지를 쓸 때가 아마도 가장 신실했을 것입니다. "이를 인하여 내가 또 이 고난을 받되 부끄러워하지 아니함은 나의 의뢰한 자를 내가 알고 또한 나의 의탁한 것을 그날까지 저가 능히 지키실 줄을 확신함이라"(디모데후서 1:12).

갑작스런 병 때문에 큰 빚을 졌다고 가정해 봅시다. 그때 어떤 사람이 당신의 빚을 갚아 주는 것에 대해 고려하고 있다는 말을 들었습니다. 그 사람이 빚을 갚아 주는지의 여부에 따라 그에 대한 당신의 태도가 달라지지 않겠습니까? 당신의 빚을 갚아 주는 것에 대해 생각해 보고 있다는 말은 들었으나 실제로 갚아 주었는지는 확신하지 못할 때와, 그가 갚아 주었다는 것을 확실히 알게 되었을 때의 그 사람에 대한 당신의 태도는 다르지 않겠습니까? 한편, 당신이 그가 당신의 빚을 갚아 주기를 기대하며 그를 위해 무엇인가를 할 수도 있습니다. 그러나 이는 이기적인 것이며, 그가 빚을 갚아 주지 않을지도 모른다는 두려움에서 나오는 행동입니다. 정상적인 사람이라면 그가 자신의 빚을 갚아 주었다는 것을 확신하게 되면 자기가 할 수 있는 한 그를 위해 모든 것을 행하려고 할 것입니다. 이는 사랑과 감사의 동기로 인한 것입니다.

이것이 바로 예수 그리스도께서 하신 일입니다. 그분은 그의 백성들이 도저히 갚을 수 없는 빚을 갚아 주셨습니다. 그래서 예수님께서 자기를 위해 대신 죽으시고 빚을 갚아 주셨다는 것을 확신하는 사람들은 영적으로 아무렇게나 살기보다는 오히려 이전보다 더욱 신실하게 살 것입니다.

이러한 확신은 "지옥에 떨어질 것이라는 두려움보다 훨씬 강한 자극을 줍니다"라고 제임스 알렉산더는 말했습니다. "이는 믿음과 소망과 감사와 사랑에 의한 것입니다. 면류관을 확신하는 사람은 이를 짓밟는 일을 하지는 않습니다. 그리스도를 만날 것을 확신하는 사람은 그분을 모욕하거나 슬프게 하지는 않을 것입니다."

사함받지 못할 죄로 염려하는 사람은 그러한 죄를 범하지 않았다

혹시 자기가 "사함받지 못하는 죄"를 짓지나 않았는지 염려하며 두려워하는 그리스도인들이 많이 있습니다. 이 죄에 대하여 나오는 구절은 마태복음 12:22-32과 마가복음 3:22-30입니다. 귀신 들린 사람이 예수님께 나아왔습니다. 예수님께서는 그에게서 귀신을 쫓아내셨습니다. 많은 사람들이 이를 보고 경탄하며 예수님께서 메시야일지도 모른다고 했습니다. 그러나 바리새인들의 반응은 달랐습니다. "바리새인들은 듣고 가로되, '이가 귀신의 왕 바알세불을 힘입지 않고는 귀신을 쫓아내지 못하느니라'"(마태복음 12:24).

예수님의 반응이 31절과 32절에 기록되어 있습니다. "그러므로 내가 너희에게 이르노니, 사람의 모든 죄와 훼방은 사하심을 얻되 성령을 훼방하는 것은 사하심을 얻지 못하겠고, 또 누구든지 말로 인자를 거역하면 사하심을 얻되 누구든지 말로 성령을 거역하면 이 세상과 오는 세상에도 사하심을 얻지 못하리라."

사함받지 못할 죄가 아닌 것은 무엇인가?

이곳 외에 기록된 성경의 모든 죄는 사함받지 못할 죄가 아닙니다. 이 죄는 유일합니다. 예를 들어, 어떤 곳에 우상 숭배라고 언급된 죄는 용서받지 못하는 죄가 아닙니다. 한 곳에서는 우상 숭배라고 부르고, 마태복음 12:31-32에서는 이를 사함받지 못할 죄라고 다르게 부르지는 않습니다. 우상 숭배는 우상 숭배이고, 탐심은 탐심이며, 거짓말은 거짓말이고, 사함받지 못하는 죄는 사함받지 못하는 죄일 뿐입니다. 살인이나 간음조차도 사함받을 수 있는 죄입니다. 다윗 왕은 이 두 가지를 다 범하고도 하나님의 용서를 받았습니다.

또한 어떠한 죄를 수없이 많이 범했다고 사함받지 못할 죄가 되는 것은 아닙니다. 즉, 999번의 거짓말은 용서받을 수 있지만 1,000번의 거짓말은 용서받을 수 없는 것이 아닙니다. 성경은 절대로 용서의 횟수를 제한하지 않고 있습니다.

심지어 그리스도를 부인하거나 그분을 모욕하는 것조차도 용서의 가망성이 전혀 없는 죄는 아닙니다. 디모데전서 1:13-14에서 바울은 자기가 예수님을 모독한 죄가 사함받았다고 말합니다. 넓은 의미에서, 하나님과 그분의 말씀에 대항하는 어떤 생각이나 말도 참람한 것입니다. 한 번이라도, 혹은 한순간이라도 하나님의 사랑과 능력을 의심하였다면 당신은 하나님을 모욕한 것입니다. 따라서, 이런 의미에서는 모든 그리스도인은 믿기 전이나 후를 막론하고 하나님을 훼방하는 죄에서 사함을 받았습니다.

또 어떤 사람들은 끈질기게 불신하는 것이 사함받지 못하는 죄라고 하지만 사실은 이것도 아닙니다. 물론 사함받지 못하는 죄를 저지르는 사람은 고집스럽게 불신을 지속합니다. 그러나 두 가지 죄는 반드시 구별되어야 합니다. 예수님 시절에 많은 사람들이 그분을 거부했습니다. 그러나 마태복음 12:31-32에서 보듯이, 그들이 사함받지 못하는 죄를 범했다고 하지는 않았습니다.

성령에 대하여 무례하게 말하는 것도 사함받지 못할 죄는 아닙니다. 목회를 하는 한 친구는 자기가 십대였을 때 교회 여름 캠프에 가는 도중에 있었던 일을 이야기해 준 적이 있습니다. 그때 그는 성령에 연관된 농담을 여러 차례 반복하였습니다. 그러자 그가 탄 버스를 운전하던 분이 차를 길가에 세우더니, 그에게로 다가와 손가락으로 어린 그의 얼굴을 가리키며 "성령에 대하여 농담하지 말아라. 너는 사함받지 못할 죄를 저질렀을지도 모른다"라고 엄숙하게 말했습니다. 그 말이 그 어린 그리스도인에게는 너무도 두려웠기 때문에 30년이 지난 지금도 그는 자기의 부주의로 그때 구원을 잃은 것은 아닌지 의구심을 가지고 있다고 했습니다. 내가 설명하겠지만, 그가 염려하는 것 자체로 봐도 그는 사함받지 못할 죄를 저지른 것이 아닙니다.

비록 그 어린 그리스도인이 잘못하기는 했지만, 그리스도인치고 성령과 조금이라도 관계되는 내용을 들을 때, 비록 예배 시간일지라도, 합당치 못한 태도를 보인 적이 한 번도 없는 사람이 있겠습니까? 그리고, 성령의 인격과 사역에 대한 찬송을 하면서 딴 생각을 해보지 않은 그리스도인이 있겠습니까? 이 또한 자기의 모든 죄를 사함받은 사람들이 성령의 이름을 무례하고, 헛되고, 죄악 되게 사용한 것이 아닙니까? 따라서 이 또한 사함받지 못할 죄는 아닙니다.

더 나아가 의식적으로 또는 의도적으로 성령을 대항하는 모든 죄가 사함받지 못하는 죄는 아닙니다. 요한일서 1:8은 그리스도인에 대하여 다음과 같이 말합니다. "만일 우리가 죄없다 하면 스스로 속이고, 또 진리가 우리 속에 있지 아니할 것이요." 또한 우리가 죄를 범하는 경우 대부분은 우리가 생각하고 있는 일이 죄라는 성령의 경고를 들은 다음에 범하기 마련입니다. 성경은 그리스도인들이 성령을 근심하게 하거나 소멸할 수 있다고 합니다(에베소서 4:30, 데살로니가전서 5:19). 그렇게 할 때는 성령을 거스려 의도적으로 죄를 범합니다. 그러나 하나님께서는 성령에 대항하는 이러한 고의적인 죄도 용서하여 주십니다.

예수님께서는 "모든 죄와 훼방"은, 심지어 "인자를 거역하는" 죄도 사함을 받는다고 포괄적으로 말씀하셨습니다. 성경의 나머지 부분을 통해, 우리는 이것이 모든 죄가 자동적으로 용서된다는 의미가 아님을 알 수 있습니다. 죄인들이 용서를 받으려면 회개하고 그리스도를 믿어야 합니다(마가복음 1:15, 골로새서 2:13, 요한일서 1:7-9). 그리하여 진실되게 용서를 구하는 모든 사람들은 모든 죄를 사함받습니다.

사함받지 못하는 죄는 무엇인가?

예수님께서는 "성령을 훼방"하거나 "성령을 거역"하는 것을 사함받지 못하는 죄라고 하셨습니다(마태복음 12:31-32). 예수님께서는 바리새인들에 대해, 그들이 예수님께 "더러운 귀신이 들렸다"(마가복음 3:30)고 했기 때문에 이 죄를 부과하셨습니다.

사함받지 못하는 죄의 의미에 대하여 두 가지 견해가 있습니다. 어떤 사람은 성령을 훼방하는 죄란 예수님이 귀신 들렸으며 그분의 이적들이 사탄적이라고 하는 것이라고 했습니다. 즉 그것은 예수님께서 귀신이 들렸으며, 그분의 하신 일은 하나님으로 말미암은 것이 아니라 사탄으로 말미암은 것이라고 말하는 특정한 죄라는 것입니다. 이와 같은 견해를 갖는 사람은 마가복음 3:30을 의지하는데, 바리새인들은 예수님께서 귀신이 들렸다고 말함으로써 영원한 형벌을 받을 잘못을 저지른 것이라는 것입니다. 이 같은 견해는 이런 죄를 범할 가능성을 극적으로 좁혀 놓습니다. 즉, 바리새인이 한 말과 동일한 말을 공공연하게 하는 것을 의미하는 것입니다.

사함받지 못할 죄에 관한 또 다른 견해는, 바리새인들을 정죄한 것은 좀더 넓은 의미가 있다는 것입니다. 그들은 이를 성령의 깨닫게 하심으로 말미암아 예수님에 대한 것을 분명히 알면서도, 그리스도를 대적하여 말로, 의도적으로, 지속적으로, 그리고 회개의 빛을 띠지 않고, 거스리는 것을 의미한다고 해석합니다. 이들은 종종 그리스도와 그분의 하신 일에 대하여 공공연히 적개심을 표현할 것입니다. 이 정의는 사함받지 못하는 죄를, 대부분의 믿지 않는 사람들의 특징인 명백하고도 고집스런 불신 그 이상의 것으로 만듭니다.

이 모든 것을 통해, 당신이 사함받지 못하는 죄에 대하여 염려하고 있다면 분명 그런 죄를 범하지 않았다는 것을 알 수 있습니다. 죄에 대하여 진정으로 염려하고 있다면, 이는 성령께서 당신 안에서 역사하고 계신다는 증거입니다. 그리고 성령께서 내주하시는 사람, 즉 그리스도인은 그러한 죄를 범할 수가 없습니다. 성령이 내주하시는 사람은 아무도 성령을 훼방할 수 없습니다. 더구나, 그리스도인은 모든 죄를 사함받았기 때문에 사함받지 못하는 죄를 범할 수도 없습니다.

사도 요한은 요한일서 1:7에서 "그 아들 예수의 피가 우리를 모든 죄에서 깨끗하게 하실 것이요"라고 기록합니다. 바울은 골로새서 2:13에서 하나님께서 우리의 모든 죄를 사하셨다고 했습니다. 성경은 그리스도께서 죽음을 통해 모든 믿는 사람의 모든 죄(한 가지를 제외한 모든 죄가 아님)의 대가를 지불하셨다고 가르치고 있습니다. 하나님께서 우리의 모든 죄를 사하실 때, 단지 우리의 과거의 죄만을 용서하신 것이 아니라 우리가 장차 범할 모든 죄도 용서하셨습니다. 장래의 모든 죄도 용서되었다면, 거듭난 사람에게는 앞으로도 사함받지 못할 죄가 있을 수가 없는 것입니다.

다음과 같이 말할지 모르겠습니다. "그러나 때때로 저는 참람한 생각을 할 때가 있습니다! 때때로 당신이 생각하고 상상할 수 있는 가장 사악하고 수치스런 것들이 내 머리 속을 맴돈답니다." 어떤 경우에는 이런 생각을 말로 표현하는 경우까지 있을 것입니다. 그렇습니다. 그러나 당신은 이러한 생각이나 말을 하는 것을 기뻐합니까? 그런 것들을 즐깁니까? 만약 당신이 그러한 것을 싫어하고 회개한다면, 그리고 그런 생각이나 말을 다시는 하고 싶지 않다면, 당신은 사함받지 못할 죄를 범한 것이 아닙니다.

사함받지 못할 죄를 범하지는 않았을까 염려한다면 당신은 그런 죄를 범했을 리가 없습니다. 사함받지 못할 죄를 저지르는 사람은 회개하지 않습니다. 그들은 마음이 너무나 굳어져서 그런 죄를 습관적으로 반복합니다. 그들은 후회의 빛을 조금도 보이지 않습니다. 그러나 그리스도인들은 그런 죄를 생각하는 것조차 두려워합니다. 사함받지 못하는 죄를 하나라도 범하느니 차라리 죽기를 선택할 정도입니다. 이것이 만약 당신의 태도라면, 당신은 그런 죄를 범한 것이 아닙니다.

추가 적용

흔히 있는 이러한 문제들을 소개했기 때문에, 이제는 확신을 갖는 데 실제적으로 도움이 되는 내용을 다루고자 합니다. 아래의 열 가지 질문은 당신이 확신을 가져도 되는지를 판단하는 데 도움을 줄 것입니다. (많은 질문들이 1600년대 영국 청교도 목사인 토머스 브룩스의 글에서 따온 것입니다.)

최근의 설교에서 이 질문들을 소개한 뒤, 믿은 지 5년 되는 30대 독신 여성으로부터 다음과 같은 카드를 받았습니다. "지난 주일까지도 저는 제가 경험한 어떤 특정한 사건에 근거하여 구원의 확신을 가지고 있었습니다.… 그러나 지난 주일에 목사님께서 보여 주신 질문 목록을 보았을 때 저는…제가 진정으로 하나님을 사랑하고 있으며…제가 진실로 하나님의 자녀라는 사실을 알게 되었습니다. 저는 진정으로 구원받았으며, 아무것도 제게서 이를 빼앗을 수가 없는 것입니다. 그리고 이러한 깨달음은 저의 확신을 더욱 견고하게 해주고 있습니다." 당신이 하나님의 자녀라면, 주님께서 다음 질문들을 사용하여 당신의 확신도 더욱 견고하게 하여 주실 것입니다.

당신은 구원을 확신하기를 간절히 원합니까? 믿지 않는 대부분의 사람들에게 있어서는, 확신을 얻는 것은 긴급하지도 중요하지도 않은 문제입니다. 그들 가운데 구원의 확신에 관한 책을 읽고자 하는 사람은 별로 없을 것입니다. 따라서 이 책의 주제가 당신에게 별로 의미가 없다면, 당신의 구원에 대하여 심각한 질문을 던져 볼 필요가 있습니다. 그러나 확신에 대하여 어느 정도 열망하는 마음이 있다면, 이는 하나님께서 그러한 열망을 당신에게 주셨으며, 당신이 하나님께 속했다는 좋은 증거가 됩니다.

당신은 예수님을 제대로 사랑하지 못하고 있는 데 대해 슬퍼하는 적이 있습니까? 그리스도에 대한 냉랭한 마음 때문에 고민해 본 적이 있습니까? 마음속으로 "주님, 제가 주님보다 다른 대상을 더 사랑하는 것이 싫습니다"라는 생각을 하며 괴로워해 본 적이 있습니까? 그리스도인만이 그런 생각을 합니다.

종종 당신은 다시는 죄를 짓지 않고 언제나 순종하는 삶을 살 수 있도록 하나님께서 당신을 변화시켜 주셨으면 하고 생각합니까? 당신은 죄를 범한 후에 다음과 같이 생각해 본 적이 있습니까? "주님,

저는 주님께서 저의 마음을 다 주장하셔서서 다시는 죄를 짓지 않도록 변화시켜 주셨으면 좋겠습니다." 만약 그리스도인인 체하는 사람들이 정직하다면, 그들은 그 죄가 없이는 나머지 생을 살기 싫을 정도로 끔찍히 좋아하는 죄가 있다고 인정할 것입니다. 반대로, 성령께서 내주하시는 사람은 의도적으로 불순종할 때가 있기는 하지만, 죄의 영향력에서 해방되기를 간절히 원합니다. 성경에서는 그런 해방은 주님께서 다시 오실 때까지는 이루어지지 않는다고 합니다. 그러나 그러한 해방을 간절히 바라는 사람은 자신이 구원받았다고 확신해도 좋습니다.

당신은 구원이 세상의 그 어느 것보다도 중요하다고 생각하십니까? 대답하기 전에 신중히 생각해 보십시오. 지금까지 본서를 읽어 오신 분은 구원이 중요하지 않다고 생각하지는 않을 것입니다. 그러나 여기서의 질문은 당신에게 구원이 얼마나 중요하냐는 것입니다. 당신은 "구원"을 어린 시절에 통과한 한 때의 경험이나 교회 생활을 시작하기 위한 무슨 의식 정도로 생각하지는 않습니까? 당신의 교회, 목사, 부모, 배우자, 자녀 등이 중요시하기 때문에 당신에게도 중요하다고 생각하지는 않습니까? 아니면, 당신의 구원이 심장의 박동보다도 훨씬 더 중요하다고 생각합니까? 가족, 친구, 직업, 주의 주장, 그리고 그리스도인이 사랑하는 그 어떤 것도 자기의 구원보다 중요한 것은 없습니다. 당신의 삶에서 하나님과의 올바른 관계를 유지하는 것이 다른 무엇보다도 중요하다면, 오직 하나님을 제대로 아는 사람만이 그러한 태도를 계속 가질 수 있으므로, 구원을 확신해도 좋습니다.

당신은 부유하거나 유명하거나 매력적인 불신자와 처지가 서로 바뀌었으면 하고 진지하게 원한 적이 있습니까? 나는 심지어 신실한 그리스도인조차도 때때로 세상에서 영웅 취급을 받는 사람들과 같은 명성와 부를 가져 봤으면 하는 생각을 한다는 것을 알고 있습니다. 그러나 당신은 복권 당첨자, 프로 스포츠계의 영웅, 혹은 유명한 모델이나 영화 배우의 삶과 당신의 삶을 바꿀 수 있었으면 하고 진정으로 원해 본 적이 있습니까? 심지어 그들이 불신자임이 분명한데도 말입니다. 당신이 그리스도인이라면 "아니오"라고 답할 것입니다.

당신은 원하는 것을 얻을 수 있다면 기꺼이 그리고 습관적으로 하나님을 거스려 죄를 범하겠습니까? 그리스도인이라면 이 질문에 대하여 "아니오"라고 대답해야 합니다. 그리스도인은 그렇게 의도적으로 하나님의 마음을 아프게 할 수 없기 때문입니다. 믿는 사람이라면 그러한 선택을 계속함으로 말미암은 가책을 견딜 수가 없다는 것을 압니다. 그는 그렇게 뻔뻔스럽게 그리스도의 십자가에 침을 뱉을 수가 없습니다.

당신은 다음 두 그룹 중에서 어느 쪽을 진정으로 좋아합니까? 하나님, 그리스도, 성령, 은혜, 영광, 거룩, 그리고 하늘나라? 아니면 돈, 쾌락, 명성, 집, 토지, 소유, 그리고 당신이 이 세상에서 얻을 수 있는 모든 것? 대답을 하려고 너무 서두르지 마십시오. 당신의 마음을 잘 살펴보십시오. 정직하십시오. 만약 당신이 세상이 주는 것은 무엇이든 가질 수 있고, 당신이 원하는 것은 무엇이든 평생 동안 가질 수 있다면, 당신은 하나님과 하나님께 속한 것들보다 이런 것들을 택하겠습니까? 양쪽 모두 나름대로의 매력이 있다고 말하는 사람들이 있기는 하지만, 당신은 실제로 어느 쪽으로 더 강하게 마음이 끌립니까?

당신은 부유하고, 유명하고, 매력적이며, 운동도 잘하는 사람들보다 경건한 사람을 더 존경합니까? 유명하든 유명하지 않든 당신이 존경하는 그리스도인은 누구입니까? 잠깐 두세 사람을 생각해 보십시오. 이제는 당신에게 매력을 주는, 부유하고, 명성이 있으며, 어쩌면 "아름답기"까지 한 사람들을 생각해 보십시오. 두 그룹의 사람들 중에서 당신은 일반적으로 어떤 사람들을 더 존경합니까?

당신은 말씀 듣기, 기도, 성경 읽기, 혹은 예배가 없어도 만족하며 살 수 있습니까? 설교 시간에 이 질문을 들으면 다음과 같이 생각할 교인들이 있다는 것을 알고 있습니다. "솔직히 말해서, 다시는 설교를 들을 수 없다는 것을 알고 있다면, 나는 이 설교의 토씨 하나라도 놓치지 않겠다." 그러나 교회 밖에서는 성경을 읽거나 기도를 전혀 하지 않는 사람도 있습니다. 따라서 그들의 삶에 이러한 모든 것이 빠져도 허전함을 전혀 느끼지 않습니다. 그들은 어느 교회에서건 하나님 중심의 예배는 지루한 것이라 생각합니다. 따라서 하나님의 사람들과 함께 모여 하나님을 경배하는 기회를 다시는 가지지 못한다고 하더라도 조금도 신경쓰지 않습니다. 반대로 당신의 태도가 "당신이 원한다면 내 삶에서 모든 것을 빼앗아 가도 좋습니다. 그러나 이것들만은 안 됩니다!"라고 하는 것이라면, 당신은 성령께서 함께 하고 계신다고 할 수 있습니다.

당신은 그리스도께서 당신을 완전히 그분 자신의 것이라고 주장하시는 것을 기뻐하겠습니까? 지옥에 가기는 싫어하지만 진정으로 그리스도께 자신을 온전히 드리기는 원치 않는 사람들이 많습니다. 구원받기는 원하지만 하나님께서 허락하신 삶의 많은 부분을 자기가 움켜쥐고 있고자 하는 사람들은 그 동기가 심히 의심스럽습니다. 하나님의 나라 바깥에 있는 사람은 어느 누구도, 그분이 기뻐하시는 바대로 자기 자신을 빚어 가시거나 그분의 영광을 위하여 자기를 사용하여 주기를 원하지 않습니다.

그리스도를 믿는다는 아이들에게 내가 던지는 질문 하나는 "너는 왜 그리스도인이 되기 원하니?"입니다. 이 질문을 통해 나는 아이가 이 일에 대하여 중요성을 느끼고 있는지 아니면 올바르지 못한 동기를 가지고 있는지를 알고 싶었습니다. 이는 이 장의 첫 부분에 소개한 그 일곱 살짜리 소녀와 대화를 하면서 내가 했던 질문입니다.

무관심하다는 듯한 표정 때문에 신경이 쓰였는데, 그 아이는 다음과 같이 대답했습니다. "엄마가 믿어야만 한다고 해서요."

이러한 대답에 근거하여 누가 그 애에게 확신을 심어 주었다면, 그 애는 10대가 되어서 혹은 자기가 엄마가 되어 아이를 기를 때에도 구원에 대하여 심각한 의심을 할 것입니다. 아니면 더 심각한 것으로서, 심판 날에 가서 의심하게 될지도 모릅니다. 만약 세상적으로 살도록 양육되었다면, 그 애는 가짜 확신을 갖는 첫 번째 후보자가 될 것입니다. 당신이 알 수 있듯이, 확신에 대한 연구는 절대로 무슨 이론적인 문제에 뛰어드는 것이 아닙니다. 이는 참으로 실제적인 문제입니다.

그건 그렇고, 당신은 왜 자신이 지금 하늘나라로 가고 있다는 확신을 얻기 원하십니까? 당신은 왜 구원의 확신을 갖기를 원하십니까?

제 9 장

가짜 구원의 확신

가짜 확신은 확신이 없는 것보다 더 심각한 문제입니다.
- 존 맥아더

1941년 12월 7일 주일 아침 7시에 두 명의 미군 장교 - 한 명은 육군, 한 명은 해군 - 가 각각 자기의 기지에서 기상했습니다. 진주만에 있던 사람들은 그날 아침에 일어날 일에 대하여 전혀 준비가 되어 있지 않았습니다. 첫 번째 폭탄이 떨어질 때에도 대부분의 사람들은 자고 있었습니다. 이 두 사람은 골프를 치기로 약속했었습니다. 그들이 구름이 약간 있는 하늘을 바라보며 "골프 치기에 좋은 아침인데!"라고 생각하고 있을 때, 175대 이상의 일본군 폭격기들은 오아후 섬 130마일 전방까지 다가와 있었습니다. 그러나 이 "수치일(羞恥日)"이 갑자기 그들에게 닥쳤다는 것은 특별한 의미가 있습니다. 한 사람은 진주만에 정박한 함대의 제독인 허스번드 킴멜이었습니다. 또 한 사람은 하와이에 있는 모든 군대의 사령관인 월터 쇼트 중장이었습니다. 골프장에 가기 전에 하늘은 갑자기 예기치 않은 적기의 출현으로 인해 두 쪽으로 나뉘었습니다. 이 사건 이후 이전과 동일한 것은 아무것도 없었습니다.

이 두 사람이 진주만이 안전하다고 생각한 것처럼 많은 사람들이 자기가 하늘나라에 갈 수 있다는 가짜 확신을 가지고 있습니다. 어떠한 위험으로부터도 안전하다고 자신하고 있어도 그들은 예기치 않은 날에 하늘나라에 대한 확신이 없어지는 것을 발견할 것이며, 폭격을 받아 불타는 미 함정 애리조나 호보다 훨씬 더 참혹한 영원한 지옥으로 떨어질 것입니다.

가짜 구원의 확신의 근원들

가짜 구원의 확신을 갖는 것은 이 세상에서 저지를 수 있는 최악의 실수입니다. 하나님과의 관계에 대해서, 그리고 하늘나라에 갈지에 대해서 잘못 알고 있다면, 궁극적으로 다른 어떤 것에서 올바르다 할지라도 그게 무슨 의미가 있겠습니까?

어떻게 이런 일이 일어날 수 있습니까? 실제로는 구원을 받지 못하였는데, 자기는 하나님과 올바른 관계에 있으며, 하늘나라에서 영원을 보낼 수 있을 것이라고 생각하게 만드는 것은 무엇입니까?

복음에 대한 공적인 결단 또는 외적 반응

많은 사람들은 자기가 복음을 들었을 때 외적으로 명확한 반응을 보였다고 해서 그리스도인이라고 생각합니다. 설교자나 전도자로부터 구원에 대한 메시지를 들으면 흔히 다음과 같은 초청을 받습니다. "지금 이 시간, 예수님을 믿기 원하시는 분은 자리에서 일어나 앞으로 나오시기 바랍니다." 그 초청은 "그리스도께로 나오십시오"가 아니라 "앞으로 나오십시오"입니다. 또한 "주 예수님께로 방향을 돌려 그분을 믿으십시오"가 아니라 "일어나서 복도를 걸어 나오십시오" 혹은 다른 종류의 외적 반응입니다. 그러나 단순히 건물 안에서 당신의 위치를 바꾸었다고 그리스도인이 되는 것은 아닙니다.

유럽과 미국에서 목회를 했던 존 R. 위트는 확신이 없는 것보다 위와 같은 방법으로 형성된 가짜 확신이 훨씬 더 큰 문제라고 했습니다.

그리스도인들 사이에서 영적 출생이나 회심은 수학 공식의 수준에서 다루어져 왔습니다. 그 공식은 다음과 같이 쓸 수 있습니다. "초청을 받았을 때 앞으로 나아가십시오. 만약 당신이 나아가서 진실된 마음으로 신앙을 고백하는 기도문을 따라 하면, 혹은 믿기로 서약하는 카드에 서명을 하면, 그러면(그 다음 듣는 말이 이것입니다) 당신은 그리스도인입니다. 당신은 그리스도인처럼 느껴지지 않을 것이며, 그리스도인처럼 행동하지도 않을 것이고, 당신을 그리스도인으로 여길 만한 어떤 증거도 당신에게서 찾아볼 수 없을 것입니다. 그럼에도 불구하고 당신이 그리스도를 믿기로 결단을 했으면 그것으로 다 된 것입니다. 당신이 해야 할 것은 그게 전부입니다. 게다가 당신은 하나님의 자녀라고 확신할 수 있는 권리를 가지게 되었습니다." 아예 확신이 없는 경우보다는 영적인 생명의 어떤 징후가 없어도 그리스도인이라는 이러한 "쉬운 믿음주의"가 더욱 염려가 됩니다.

복음을 듣고 공적으로 외적인 반응을 보였다고 자기가 하늘나라로 가는 길에 들어섰다고 생각하는 사람들은 가짜 안전 가운데 있는 것입니다.

세례

가짜 확신을 만들어 내는 또 다른 원인으로는 세례가 있습니다. 내가 살던 모든 지역에는, 그리고 내가 설교했던 모든 대륙의 모든 나라에는, 다음과 같은 생각이 널리 퍼져 있었습니다. 즉, 머리에 물을 뿌리거나 몸을 물에 잠그는 교회 의식을 치렀기 때문에 자신은 하나님과 올바른 관계 가운데 있다고 하는 생각입니다. 바로 며칠 전에 우리 교회에서 한 자매가 간증을 했는데, 어린 시절에 세례를 받았지만, 자기의 죄를 담당해 주시도록 예수님께 자신을 맡긴 적이 한 번도 없었다는 것을 최근에야 깨달았다고 했습니다.

세례는 대수롭지 않은 것이 결코 아닙니다. 우리의 본이 되시는 예수님께서는 세례를 받으셨으며(마태복음 3:13-17, 마가복음 1:9-11, 누가복음 3:21-22), 지상사명을 주실 때에 아버지와 아들과 성령의 이름으로 세례를 주라고 하셨습니다(마태복음 28:19-20). 그러나 세례나 침례를 받을 때의 그 물이 당신에게 하늘나라에 갈 수 있는 자격을 부여하는 것은 아닙니다. 구원의 확신의 토대는 복음의 내용에 두어야 합니다. "이 복음은 모든 믿는 자에게 구원을 주시는 하나님의 능력이 됨이라"(로마서 1:16).

세례는 상징적으로 예수님의 복음과 중요한 연관 관계가 있습니다. 그러나 확신의 근거는 예수님께 두어야지 교회의 의식에 두어서는 안 됩니다.

교회 출석

자기가 그리스도인이라고 고백하는 사람들 중에는 단지 교회 예배와 봉사 활동에 열심히 참석했다는 것을 근거로 자기가 하나님께 용납받았다고 믿는 이들이 있습니다. 그렇게 오랫동안 하나님의 사람들과 함께하며 하나님께 속한 일을 했는데도 하나님의 가족의 일원이 아닐 수도 있다는 것은 그들에게는 전혀 있을 수 없는 일로 받아들여집니다. 그러나 이는 마치 이웃집 아이가 당신의 집에 자주 놀러 와서는 당신의 아이들과 자주 놀았기 때문에 당신 가족의 일원이라고 생각하는 것과 조금도 다를 바가 없습니다.

우리 주님께서는 하나님과 올바른 관계에 있으려면, 종교 활동에 참석하는 것 이상의 무엇인가가 필요하다고 경고하십니다.

> "이 백성이 입술로는 나를 존경하되 마음은 내게서 멀도다. 사람의 계명으로 교훈을 삼아 가르치니, 나를 헛되이 경배하는도다." (마태복음 15:8-9)

나는 끔찍한 뉴스를 들은 적이 있습니다. 스카이다이빙 클럽에 속해 있는 사람이 그 클럽에서 제작하는 비디오 테이프를 녹화하기 위해 자원하여 낙하하기로 했습니다. 그는 뛰어내려, 다른 사람에게 카메라의 초점을 맞추었습니다. 그들은 함께 떨어지다가 마침내는 손을 맞잡아 동그란 원을 그리며 자유 낙하를 했습니다. 그러다가 그는 다른 사람들이 낙하산 줄을 당기며 차례로 낙하산을 펼치는 모습을 녹화하기 시작했습니다. 그런데 갑자기 카메라가 크게 흔들리며 화면이 보이지 않았습니다. 그제서야 그 사람은 자기가 낙하산을 준비하는 것을 깜빡 잊었다는 것을 깨달았습니다. 그는 카메라를 준비하고 녹화 계획을 생각하느라 가장 중요한 일을 잊었던 것입니다. 비록 그가 클럽의 다른 사람들보다 더 적극적이었고 그 "교제"를 즐겼지만, 다른 사람들과 같은 상황이 아니라는 사실을 깨달았을 때에는 너무 늦었습니다.

하나님의 사람들은 하나님을 열심히 예배하며, 아주 부지런히 섬

겨야 합니다. 그러나 아무리 예배를 많이 드리고 봉사를 많이 해도 이것으로는 지옥에 떨어지는 것을 방지할 수가 없습니다.

가족의 기독교 유산

구원은 상속되지 않습니다. 그러나 많은 사람이 그런 것으로 믿고 있습니다. 그들은 부모나 조상 중에서 그리스도께 강하게 헌신된 사람들이 있기 때문에 그들에게 주어진 은혜로 말미암아 가족 전체가 은혜를 입는다고 믿는 것입니다.

사역 초기에 우리 부부는 어느 목사의 가정에서 저녁 시간을 많이 보냈습니다. 그 목사의 부인은 자기 아버지가 얼마나 "성경을 잘 알았는지를" 자주 말하곤 했습니다. 우리가 신학적 문제나 교회 문제를 이야기할 때면 부인은 주로 "아버지가 믿었던 것"을 얘기했으며, 더불어서 "그분은 절대로 틀리지 않아요"라고 덧붙였습니다. 자기 언니가 부도덕한 생활을 하는 모습을 보고 당황이 된 부인은 자기 아버지가 어떻게 자기들을 "올바르게" 키웠는지를 회상했습니다. 그러나 그 가족의 신앙이 견고했음에도 불구하고, 이로 말미암아 그 목사 부인이 저절로 그리스도인이 되지는 않았습니다. 수년 전에 그 부인은 갑자기 남편을 버리고 다른 남자와 살기 시작했으며, 아버지의 신앙을 부인하였습니다.

짐은 우리 교회의 임원인데, 그는 소년 시절 한 친구의 집에서 있었던 이야기를 내게 해주었습니다. 팝콘을 쌓아 놓고 친구의 어머니는 그에게 복음에 대해 설명했습니다. 그리고는 그와 그리스도와의 관계에 대하여도 말했습니다. 그때 그는 "나는 어쨌든 하늘나라에 갈거야. 우리 아빠는 목사님이시니까"라고 생각했다는 것입니다. 요한복음 3:16은 다음과 같이 말합니다. "하나님이 세상을 이처럼 사랑하사 독생자를 주셨으니, 이는 저를 믿는 자마다 멸망치 않고 영생을 얻게 하려 하심이니라." 모든 사람은 각자 그리스도를 믿어야 합니다. 어느 누구도 다른 사람의 영적 자산(資産)을 힘입어 하늘나라에 갈 수는 없습니다.

많은 선행

내 친구는 할머니의 장례식에서 다음과 같은 이야기를 여러 번 들었습니다. "하늘나라에 갈 사람이 있다면, 바로 그분일 것입니다. 그분은 참으로 선한 일을 많이 하셨습니다." 이와 같은 생각은 가짜 확신의 근원으로서 가장 흔한 것입니다. 사람들은 자기들이 완전하지 않다는 것을 알지만 선행은 많이 한다고 믿고 있습니다. 그래서 다음과 같이 생각합니다. "세상에 악한 사람들이 참으로 많이 있다. 그래서 하나님께서 조금이라도 공평하신 분이라면 (나와 같은) 선한 사람은 하늘나라에 들어가게 하실 것이 분명하다." 그들은 다른 사람들의 나쁜 행동과 자기들의 선행을 비교하고는 이러한 가짜 확신을 가지게 됩니다.

가장 보편적인 실수는 바로 하나님께서 우리를 하나님의 법의 수준이 아니라 다른 사람들과 비교하여 다루실 것이라고 믿는 것입니다. 나아가, 우리는 자신의 "실수"는 부각시키지 않고, 자기가 잘 한 것은 강조하려는 경향이 있습니다. 그러나 문제는 우리가 선행을 얼마나 많이 하든 하나님께서는 우리의 죄에 대하여 책임을 물으신다는 데에 있습니다.

경찰이 속도 위반으로 나를 세우고는, 나에 대해 신분 조회를 한다고 가정해 봅시다. 그는 내가 한 번도 구속되거나 감옥에 간 적이 없다는 것을 알게 될 것입니다. 그리고 같은 차에 타고 있던 나의 친구가 내가 참으로 가정적인 사람이며, 훌륭한 목회자이고, 다른 사람을 위해 선한 일을 많이 했다는 증언도 해줄 것입니다. 나에 대한 수많은 칭찬할 만한 내용에도 불구하고, 그는 여전히 "당신은 속도 제한을 어겼기 때문에 반드시 이로 인한 처벌을 받아야 합니다"라고 말할 것입니다. 이것이 바로 우리의 문제입니다. 우리가 아무리 선한 일을 많이 해도, 이 선행이 하나님의 법을 어긴 우리의 죄를 제거해 주지는 못하기 때문입니다.

우리의 죄가 얼마나 많을지 한번 계산해 봅시다. 만약 하루에 한 번만 죄를 짓는다고 하면(성경적으로 볼 때 이는 불가능하지만, 여기서의 논의를 위해 그렇다고 가정해 봅시다), 70년을 살면 25,000번의 죄를 짓는 셈이 됩니다! 그리고 모든 죄는 우리의 모든 것을 다하여 하나님을 사랑하라는 계명을 어긴 것이 되므로(마가복음 12:28-30), 죄는 두 배가 되어서 50,000번이 되는 셈입니다.

이제 우리의 죄의 무게를 생각해 봅시다. 모든 죄는 우주의 주인이신 하나님을 거역하는 것입니다. 이는 죄를 더 무겁게 합니다. 나에게 총을 쏘는 것은 분명 잘못입니다. 그러나 법률에서는 미국 대통령을 저격하는 것을 더 심각한 범죄로 규정하고 있습니다. 마찬가지로, 우리의 죄는 만유의 창조주이시며 왕이신 하나님을 대적하는 것이기 때문에 더 심각한 것입니다.

따라서 우리 모두는 단지 하루에 한 가지 죄만 범한다고 해도, 무한하시며, 전능하시고, 거룩하신 하나님께 대항하여 수만 번의 죄를 짓는 셈이 됩니다. 어떤 사람들은 자기들이 선행을 하면 하나님께서 그들에게 미소를 띠며 천국에 들여 보내실 것으로 생각합니다. 물론 하나님은 온전한 사랑을 지니신 분이지만 동시에 온전히 공의로우신 분이시기도 합니다. 만약 그분이 단 한 가지 죄라도 벌하지 아니하시면 그분은 더 이상 공의로운 하나님이 아닙니다. 그리고 만약 사랑과 공의 중 어느 하나에서 온전함을 포기하신다면, 그분은 더 이상 하나님이 아니십니다. 세계에서 가장 큰 바보는 하나님 앞에 서기를 원하면서도, 이를 선행으로 또는 "그리스도인다운" 행동으로 하나님을 기쁘시게 함으로써 성취하려는 사람입니다.

우리가 구원의 소망이 있는 것은 오직 하나님의 은혜와 그리스도께서 하신 일로 말미암은 것입니다. 절대로 우리의 선행에 의한 것이 아닙니다. 당신이 이 세상에서 했던 모든 선행을 다 쌓는다고 해도, 우리 죄의 무게를 감당할 수는 없을 것입니다. 우리는 구원을 위해 다른 이, 즉 크신 하나님을 의지해야만 합니다. 그래서 에베소서 2:8-9은 다음과 같이 상기시켜 주고 있는 것입니다. "너희가 그 은혜를 인하여 믿음으로 말미암아 구원을 얻었나니 이것이 너희에게서 난 것이 아니요 하나님의 선물이라. 행위에서 난 것이 아니니 이는 누구든지 자랑치 못하게 함이니라." 가장 흔한 오해는, 하나님의 공의에 비추어 우리의 선하고 의로운 행동이 우리의 악한 행동을 능가하면, 우리가 하늘나라에 들어갈 수 있다고 하는 것입니다.

구원의 필요 조건에 대한 이러한 오해를 토대로 구원의 확신을 갖지 않도록 주의하십시오.

특별한 경험

점점 더 많은 사람들이 "죽음"을 경험한 이야기를 합니다. 즉, 그들이 외견상 죽어 가고 있을 때 하늘나라에 들어갔다가 다시 이 세상으로 돌아왔다는 것입니다. 그들은 이러한 경험을 토대로 자기가 나중에 하늘나라에 들어갈 것이라고 확신합니다. 좀더 넓은 의미에서는, 통계 자료를 보면 많은 미국인들이 자기의 삶을 바꾸어 준 모종의 종교적 경험을 했다고 증언하고 있는 것을 알 수 있습니다.

나는 텔레비전에서 사람들이 쓰러지는 것을 보았는데, 그들은 소위 성령의 능력에 맞은 사람들이라고 했습니다. 시카고의 한 경기장에 수많은 사람들이 모여 있었는데, 수십 명의 사람들이 설교자의 손에 의해 치유를 경험했다고 주장했습니다. 내 친구도 그곳에 갔었는데, 그는 자기가 "전기와 같은 짜릿한 것을 느낄 수 있었다"고 했습니다. 그리고 교회에 정기적으로 참석하는 거의 대부분의 사람들이 자신만의 독특한 예배 경험을 기억할 수 있을 것입니다.

생생한 종교적 체험이나 영적 경험을 했다고 해서 하나님 앞에 확신을 가지고 당당하게 설 수 있겠습니까? 예수님께서는 아니라고 하십니다. 마태복음 7:22-23로 돌아가 봅시다. "그날에 많은 사람이 나더러 이르되, '주여, 주여, 우리가 주의 이름으로 선지자 노릇 하며, 주의 이름으로 귀신을 쫓아내며, 주의 이름으로 많은 권능을 행치 아니하였나이까?' 하리니, 그때에 내가 저희에게 밝히 말하되, '내가 너희를 도무지 알지 못하니, 불법을 행하는 자들아, 내게서 떠나가라' 하리라." 그런 특이한 종교적 경험을 한 사람은 많지 않을 것입니다. 그러나 예수님께서는 이런 사람을 하늘 문에서 쫓아내겠다고 하셨습니다. 기억해야 합니다. 모든 종교에는 특별한 경험을 한 사람들이 있기 마련입니다. 기도에 놀랍게 응답받은 경험을 한 사람들도 있습니다. 그러나 모든 종교가 하나님께로 가는 길이 아니라면, 우리는 이러한 경험이 의지할 만한 것이 못된다고 말해야 합니다.

예수님께서는 하늘나라에 들어가서 하나님을 보려면 오직 한 가지 경험이 필요하다고 말하십니다. "예수께서 대답하여 가라사대, '진실로 진실로 네게 이르노니, 사람이 거듭나지 아니하면 하나님 나라를 볼 수 없느니라'"(요한복음 3:3). 어떻게 하면 자기의 "특별한 경험"이 예수님께서 말씀하신 거듭남인지를 알 수 있겠습니까? 이를 반복하기보다는 제3장부터 제5장까지를 다시 읽어 보기를 권합니다.

구원의 확신

개인적인 변화나 생활 방식에서의 변화

어떤 사람이 자기는 거듭나기를 원한다고 말하며, 삶의 위기에서 그리스도에 대한 믿음을 표현했습니다. 그 후에 그 사람의 삶은 부인할 수 없을 정도로 변화되었습니다. 이러한 사실을 근거로 그 사람은 자기가 그리스도인이라고 확신할 수 있겠습니까?

그러한 변화는 거듭난 사람의 삶에서 반드시 일어나는 것이라고 할 수 있지만, 그러나 그 변화가 성경에서 보여 주는 바와 일치하지 않거나 혹은 지속되지 않는다면 이를 근거로 구원을 확신할 수는 없습니다. 거듭남이 없이 변화의 징조를 보인 대표적인 예가 가룟 유다입니다. 그의 생활 방식에는 예수님의 제자가 된 이후로 극적인 변화가 있었습니다. 특이한 경험들을 수없이 많이 했습니다! 하나님께서 이 세상에 사셨을 때 바로 하나님과 함께 생활하는 경험을 했습니다. 하나님과 대화를 나누었고, 매일 기적을 보았습니다. 그러나 그의 삶의 변화는 성령의 역사로 말미암은 것이 아니었습니다. 예수님께서는 그를 "마귀"(요한복음 6:70-71)라고 하셨으며, "멸망의 자식"(요한복음 17:12)이라고 하셨습니다.

모든 이교(異敎)나 가짜 종교에는 삶이 그 종교에 의해 바뀌었다고 말하는 사람들이 있습니다. 우리 교회의 한 사람은 이전에 포럼이라는 종교 집단에 빠진 적이 있었습니다. 그녀에게 매력을 주었던 한 가지는 그 종교의 가르침에 의하여 삶이 변화되었다고 말하는 사람들이었습니다. 심령 연구, 몰몬교, 적극적인 사고 방식 등을 신봉하는 사람들이 텔레비전에 나와서는 "이것은 제게 큰 효과가 있었습니다. 당신에게도 분명히 효과가 있을 것입니다"라고 하는 경우가 자주 있습니다. 식이 요법 센터나 알코올 중독자 치료 단체에 열성적으로 참석했던 사람들은 자신들의 새로운 식사 습관이나 음주 습관으로 인하여 삶이 바뀌었기 때문에 "거듭났다"고 말하기도 합니다.

문제는 당신이 믿은 이후로 변화를 경험한 적이 있느냐가 아니라 성령께서 일으키시는 지속되는 변화를 경험해 왔느냐 하는 것입니다. 이러한 변화라야 진정으로 의미가 있는 변화입니다.

물질적인 축복과 재정적 안정

어떤 사람들은 구약성경에 나오는, 형통하게 해주시겠다는 하나님의 약속을 잘못 적용하는 경우가 있습니다. 그래서 이땅에서 받은 축복은 하늘나라에 들어갈 수 있다는 보증이 된다고 생각합니다. "하나님께서 이처럼 나를 번성케 하셨는데, 어떻게 하나님께서 나의 원수가 될 수 있겠는가? 분명히 하나님은 나를 대적하지 않고 계신 거야. 그렇지 않다면 왜 하나님께서 내게 이런 축복을 주셨을까? 하나님께서 내게 복주신 것만큼 하나님께서는 나를 기뻐하심에 틀림없어"라고 생각합니다.

부를 축적하는 면에서의 성공은 하나님께서 기뻐하지 않으신다는 의미가 될 수도 있습니다. 하나님께서는 전도서 2:26에서 "…죄인에게는 노고를 주시고, 저로 모아 쌓게 하사 하나님을 기뻐하는 자에게 주게 하시나니, 이것도 헛되어 바람을 잡으려는 것이로다"라고 말씀하십니다.

예수님께서는 부자들에게 눈에 보이는 물질적 축복들로 말미암아 영적 확신을 가지라고 말씀하신 적이 전혀 없습니다. 오히려 믿지 않는 부자들을 꾸짖으셨습니다. "그러나 화 있을진저! 너희 부요한 자여, 너희는 너희의 위로를 이미 받았도다"(누가복음 6:24). 또 다른 곳에서 예수님께서는 재물은 많이 쌓았지만 "하나님께 대하여 부요치 못한" 자들에 대하여 경고하셨습니다(누가복음 12:21).

누가복음 16:19-31에 나오는 예수님의 이야기에서, 하나님께서는 그 부자를 번성케 하셨습니다. 그러나 죽음에 이르자 그는 이 세상의 성공으로부터 지옥의 불꽃으로 떨어졌습니다. 그곳에서 그 부자는 다음과 같은 말을 들었습니다. "애, 너는 살았을 때에 네 좋은 것을 받았고, 나사로는 고난을 받았으니, 이것을 기억하라. 이제 저는 여기서 위로를 받고, 너는 고민을 받느니라"(누가복음 16:25).

부자 청년이 "하늘의 보화"를 취하라는 예수님의 제안을 듣고 제자로서 치러야 할 값을 치르기를 거절하였을 때, 예수님께서는 다음과 같이 말씀하셨습니다. "…재물이 있는 자는 하나님의 나라에 들어가기가 얼마나 어려운지, 약대가 바늘귀로 들어가는 것이 부자가 하나님의 나라에 들어가는 것보다 쉬우니라"(누가복음 18:24-25). 부자가 구원을 받는 것이 불가능한 일은 아닙니다. 두 구절 뒤를 보면 다음과 같은 말씀이 나옵니다. "무릇 사람의 할 수 없는 것을 하나님은 하실 수 있느니라"(27절). 그러나 이것만은 분명합니다. 어느 누구도 이 세상에서 재물이 풍족한 삶을 산다고 해서 하나님께서 하늘나라로 꼭 인도하여 주실 것이라고 확신할 수 없다는 것입니다.

하나님에 대한 그릇된 이해

하나님에 대한 그릇된 이해가 모든 가짜 확신의 핵심적인 이유가 됩니다. 대부분의 믿지 않는 사람들은 의식적으로든 무의식적으로든 자신들의 형상을 따라 하나님을 만들며, 자신들과 같은 하나님을 만듭니다. 만약 그들이 하늘나라에 들어가야 한다고 생각하면, 하나님께서도 그렇게 생각하셔야 합니다. 만약 그들이 자기들의 죄를 쉽게 잊는다면, 그들은 하나님께서도 그들의 죄를 쉽게 잊으셔야 한다고 생각합니다.

그러나 하나님께서 그들의 죄에 대하여 알고도 지금 가만히 계시는 것이 확신의 근거가 될 수는 없습니다. 시편 50:21에서 하나님께서는 다음과 같이 말씀하셨기 때문입니다.

"네가 이 일을 행하여도 내가 잠잠하였더니, 네가 나를 너와 같은 줄로 생각하였도다. 그러나 내가 너를 책망하여 네 죄를 네 목전에 차례로 베풀리라."

죽음 저편에 이르러, 할아버지처럼 "자상하고 실권은 없는 윗분"으로 생각했던 하나님이 아니라, 거룩하고 두려우며 철저하게 공의로우신 하나님을 대면하게 될 때, 얼마나 끔찍하고 충격적일지 생각해 보십시오.

"나의 하나님은 그렇지 않아요"라는 말은, 하나님에 대하여 그릇된 이해를 하고 있는 사람들이 하나님에 대한 "받아들이기 어려운 가르침"을 들을 때 보이는 전형적인 반응입니다. 그들은 "누가 들을 수 있느냐?"(요한복음 6:60)라고 하며 조소합니다. 그들은 셀프서비스를 하는 식당에서 식사를 하듯이 하나님께 접근합니다. 즉, 그들이 좋아하는 속성만을 선택하고, 이 속성들을 한데 모아서 하나님을 만드는데, 이 하나님은 하늘에 있는 마법 상자 안에서 나오는 거인과 다를 바가 없습니다. 그들은 다음과 같이 생각합니다. "나는 안전합니다. 하나님께서는 나를 용서하실 것이고, 내가 죽으면 하늘나라로 인도하실테니까요. 그것이 그분이 하는 일입니다."

존 오웬은 이것이 대부분의 사람들의 사고 방식이라고 했습니다.

그들은 하나님에 대하여 아는 것이 거의 없습니다. 그리고 하나님에 관한 어떤 것을 들어도 개의치 않습니다. 그들은 하나님을 경외하지 않으며, 죄를 사소한 것으로 여기고, 용서는 아무것도 아니라고 생각합니다. 용서를 구하기만 하면 누구나 받는다고 생각합니다. 그러나 이러한 무신론적인 사람의 사악한 생각을 용서에 대한 새로운 발견이라고 하겠습니까? 이는 단지 하나님을 우상으로 만드는 것이 아닙니까?

사실, 하나님은 완전한 사랑이십니다(요한일서 4:8). 그러나 하나님께서는 공의를 버리시고 사랑만을 택하시지 않습니다. 그분의 진노는 긍휼하심과 동일하게 나타납니다. 그분은 모든 속성에서 완전하십니다. 그렇지 않기를 기대해서는 안 됩니다. 올림픽 경기에서 심판이 편파적일 때 우리가 분노를 느낀다면, 하물며 하나님께서 이 세상의 모든 악을 다루실 때 공의대로 하시지 않는다면 우리의 감정은 어떻겠습니까? 하나님에 대한 올바른 이해는 성경을 통해 보여주신 그분의 모든 속성의 균형을 맞춥니다. 그러나 어떻게 그렇게 될 수 있습니까? 어떻게 하나님께서는 죄에 대하여 조금도 융통성이 없이 공의로 대하시면서 반대로 완전히 용서하실 수 있습니까? 이에 대한 답은 십자가에서 찾을 수 있습니다. 십자가에서 하나님께서는 완전히 의로우셨습니다. 거기서 그분은 의로우셨고, 또한 예수님을 믿는 자를 의롭다고 하셨습니다(로마서 3:26 참조). 예수님 안에서 하나님께서는 "예수님을 믿는 자"의 모든 죄를 공의롭게 벌하셨습니다. 그래서 하나님께서는 그들을 용서하실 수 있게 되었습니다. 우리를 대신하여 예수님께서는 하나님의 진노를 기꺼이 담당하셨습니다. 그리하여 우리는 하나님의 긍휼하심을 받을 수 있게 되었습니다.

인간으로서는 상상조차 하기 힘든 계획입니다. 우리 마음대로 그려낸 하나님을 통해서가 아니라 성경 속에 드러나 있는 그대로의

가짜 구원의 확신

하나님을 통해서 확신을 가지도록 합시다.

죄와 지옥에 대한 잘못된 이해

하나님께서는 아무도 지옥으로 보내시지 않을 것이라고는 믿는 사람들은 자신들이 하늘나라로 갈 것이라고 믿고 있는 게 분명합니다. 지옥의 존재를 의심하는 사람들은 말할 것도 없습니다.

마찬가지로, 죄를 사소한 것으로 여기며, 하나님은 자신들과 같은 존재이나 단지 죄가 없을 뿐이라고 생각하는 사람들도 동일한 생각을 갖습니다. 그런 사람들은 다음과 같이 생각합니다. "내가 만일 1초 동안 죄를 짓지 않고 살 수 있다면, 2초 동안도 그렇게 할 수 있을 것입니다. 만약 2초 동안 죄를 짓지 않고 살 수 있다면, 5초 동안도 그렇게 살 수 있을 것입니다. 만약 5초가 가능하다면, 1분도 가능할 것이고, 1분이 가능하다면, 1시간도 가능할 것입니다." 이 주장의 문제는 바로 첫 번째 가정에 있습니다. 어느 누구도 1초 동안이라도 죄를 짓지 않고 살 수 없습니다. 왜냐하면 우리는 선택과 행동을 잘못해서 죄인이기도 하지만 본질적으로도 죄인이기 때문입니다(에베소서 2:3). "1초 동안 죄를 짓지 않고 살 수 있다"고 말하는 것은 "1초 동안 나는 본성이 없이 살 수 있다" 혹은 "1초 동안 존재하지 않고 지낼 수 있다"라고 말하는 것과 다를 바가 없습니다. 죄는 마치 피처럼 우리 본질의 일부입니다. 동맥에 피가 흐르지 않고서는 말할 수도 없고, 생각할 수도 없으며, 어떤 것도 할 수 없듯이, 죄가 하나도 없이 말하거나 생각하거나 어떤 일을 할 수는 없습니다.

죄와 마찬가지로 지옥도 잘못 이해되고 있습니다. 지옥은 반드시 있어야만 합니다. 왜냐하면, 본질적으로 죄악 된 피조물이 본질적으로 거룩하신 하나님 앞에서 살 수는 없기 때문입니다. 만약 여러분이 잠깐 동안 태양 표면으로 옮겨진다고 생각해 봅시다. 어떤 일이 일어나겠습니까? 당신은 흔적도 찾아보지 못하게 될 것입니다. 왜냐구요? 당신의 본질은 태양의 본질과 공존할 수 없기 때문입니다. 하나님의 지극히 거룩하심에 관하여 성경에서는 "우리 하나님은 소멸하는 불"(히브리서 12:29)이라고 말합니다. 인간의 죄악 된 본성이 하나님의 거룩하심과 어울릴 수 있도록 변화되지 않고서는(이는 믿는 우리가 그리스도를 뵙게 될 때 일어날 것입니다. 빌립보서 3:20-21, 요한일서 3:2-3) 하나님과 함께 살 수가 없습니다. 그들은 반드시 다른 곳으로 보내져야 합니다.

그 다른 곳이 바로 지옥입니다. 지옥은 바로 회개하지 않은 사람들이 "주의 얼굴과 그의 힘의 영광을 떠나 영원한 멸망의 형벌을 받는" 곳입니다(데살로니가후서 1:9). 어떤 사람들은 지옥에 대한 묘사들은 상징일 뿐이라고 합니다. 만약 그렇다고 하더라도 상징은 단지 그 상징이 그리고자 하는 실체의 대체물이라는 것을 기억해야만 합니다. 실상은 이보다 훨씬 더 심할 것입니다. 지옥은 당신이 상상할 수 있는 것보다 훨씬 더 나쁜 곳입니다.

지옥의 존재를 부정하며, 지옥은 예수님의 성품과는 맞지 않는다고 생각하는 사람들은, 지옥에 대해 성경의 다른 부분에서 말한 것을 다 합쳐 놓아도 예수님께서 직접 지옥에 관하여 말씀하신 것보다는 적다는 것을 반드시 알아야 합니다. 사실은 지옥에 대하여 경고하시는 것도 예수님의 긍휼 때문입니다.

폭풍우가 심한 날에 애써 차를 몰며 집으로 돌아가고 있는데, 길 한가운데에 비에 완전히 젖은 사람이 손을 흔들며 서 있다면 당신은 어떤 느낌이 들겠습니까? 당신의 첫 번째 생각은 "아니, 저 사람은 무얼 원하는거지? 차를 얻어 타려는 걸까? 아니면 그보다 더 귀찮은 사람? 나는 그냥 집에 가고 싶어. 비가 세차게 쏟아지는 이 캄캄한 길에서 낯선 사람 때문에 차를 멈추고 싶지는 않아"라는 것일지도 모릅니다. 아무리 차선을 바꾸어도 그 사람은 당신의 헤드라이트 앞에 나타납니다. 마침내 당신은 차를 멈추든지 아니면 그를 들이받을 수밖에 없습니다. 그는 당신 차문으로 뛰어옵니다. 당신은 조심스럽게 차창을 조금 내립니다.

"앞에 있는 다리가 무너졌어요. 나는 사람들에게 신호를 보내고 있는 중입니다. 당신 앞서 간 몇몇 차는 나를 지나쳤기 때문에 골짜기로 떨어졌습니다. 분명 그들은 모두 죽었을 것입니다."

이제 당신은 그 사람에 대하여 어떻게 생각하시겠습니까? 당신을 기다리고 있는 전방의 위험에 대해 알게 되었을 때, 그가 달갑지 않은 소식을 전해 주며 당신의 삶에 개입한 것에 대해 새로운 시야를 갖게 될 것입니다. 당신은 길을 돌린 것으로 인하여 감사할 것이며, 다른 길을 통하여 집으로 갈 것입니다. 처음에는 피하려고 했던 그 사람이 당신의 생명을 구한 것입니다.

이처럼 예수님께서 지옥에 대하여 경고하실 때, 이는 바로 긍휼로 말미암은 행동이었습니다.

가짜 확신을 가진 사람의 특성

당신은 지금까지 가짜 확신의 10가지 원인에 대하여 들었습니다. 그러면 가짜 확신을 가진 사람의 특징은 무엇입니까?

그들은 가짜 확신에 대한 경고를 들을 때 무관심하든지 아니면 화를 낸다

영적으로 건강한 그리스도인이라면 가짜 확신에 대한 메시지에 겸손한 반응을 보입니다. 그들은 스스로 속고 있을 가능성이 있음을 알고 있습니다. 그들에게는 구원이 너무도 중요한 것이기 때문에 성경의 어떤 경고도 무시하지 않습니다. 그들은 "근신하고 깨어 있기를" 원합니다. 왜냐하면 그들의 "대적 마귀가 우는 사자같이 두루 다니며 삼킬 자를 찾기" 때문입니다(베드로전서 5:8). 비록 그들이 "완전한 확신"을 가졌다 할지라도 나태에 빠지지 않기 위하여 자기의 영혼에 대하여 항상 깨어 지냅니다.

스코틀랜드의 신학자 존 머리는 "진정한 확신을 얻는 데 가장 방해가 되는 태도는 바로 구원을 당연한 것으로 여기는 것이다"라고 말했습니다. 그럼에도 가짜 확신에 대한 경고를 들을 때 어떤 사람들은 바로 그런 반응을 보입니다. 가짜 확신을 가졌을 가능성에 대해서는 전혀 생각지 않습니다. 그들은 "너희가 믿음에 있는가 너희 자신을 시험하고 너희 자신을 확증하라"(고린도후서 13:5)는 말씀을 진지하게 받아들이지 않습니다.

또 어떤 사람들은 구원을 시험해 보라는 사람에게 심한 분노를 나타냅니다. 그들은 뒤로 물러나는 것이 아니라 공격적인 태도를 취함으로써 영적으로 불안정한 자신의 상태를 감추려고 합니다. 그들은 구조적으로 문제가 있는 집에 대하여 건축 감리사에게 거세게 반발함으로써 그냥 넘어가려고 하는 사람과 동일한 태도로 가짜 확신에 대한 경고에 반응합니다. 나의 경험으로 볼 때, 그들은 자기의 확신이 모래 위에 지어졌을지도 모른다는 무시무시한 가능성에 직면하지 않으려는 마음 때문에 더욱 거센 저항을 하는 것 같습니다. 그들의 태도는 다음과 같습니다. "문제를 점검하지 않는다면, 아무런 문제도 발견되지 않을 것이다. 의심과 질문을 피하라. 그러면 만사가 다 잘 될 것이다." 존 맥아더는 다음과 같이 요약합니다.

현대 기독교에서, 확신은 너무도 자주 무시되거나 혹은 주장할 자격도 없는 사람이 마음대로 주장하고 있습니다.

너무도 많은 사람들이 다른 사람들이 자기에게 구원이 있다고 말했기 때문에 구원을 받았다고 믿습니다. 그들은 자신을 시험해 보지 않습니다. 하나님의 말씀으로 자기들의 확신을 확증하지도 않습니다. 구원에 대하여 의심하는 것은 영적인 건강과 성장과 건강에 해가 된다는 가르침만을 받고 있을 뿐입니다. 그럼에도 이 수많은 사람들이 영적으로 건강하거나 혹은 성장하고 있다는 증거를 전혀 보이지 않고 있습니다.

그들은 지나치게 율법적이거나, 아니면 영적 훈련과 의무들을 등한시 한다

그리스도인이라고 고백하는 사람들 중에 어떤 사람은 예수님 시대의 바리새인과 같습니다. 교회 출석, 선행, 혹은 성경 읽기, 기도, 금식과 같은 영적 훈련을 율법적으로 잘 하고 있다는 것을 근거로 하여 가짜 확신을 가지고 있습니다. 말씀 섭취나 영적 훈련 자체가 목적이 되고 맙니다. 그들에게 있어서 성경 말씀의 섭취량은 자기가 읽은 "장"의 수로 계산되지 삶의 변화가 얼마나 일어났는지로는 평가되지 않습니다. 기도한 횟수나 교회 출석 횟수도 셉니다. 다른 사람에게 보이려고 섬깁니다. 더욱 엄격하게 이를 지킬수록 자신이 더욱 의롭다고 느낍니다. 그들은 그리스도께서 하신 일보다는 자기들의 종교적 활동을 더 의지합니다. 결국에 가서는 그들의 행동은 다른 그릇된 종교를 믿는 자들과 다를 바가 없게 되며, 그 사람들처럼 종교 의식과 엄격한 형식을 통해 확신을 가진 듯한 느낌에 빠지게 됩니다.

이와 대조적으로, 가짜 확신을 가진 또 다른 부류의 사람들은 자기들의 세상적인 삶에 대해 스스로 만족해 합니다. 교회에 출석한다는 점만 빼놓고는, 그들의 삶은 무신론자와 별로 다를 바가 없습니다. 그들은 기도도 거의 하지 않으며, 성경도 읽지 않고, 자기에게 필요하거나 혹은 내키면 섬기는 일에 참여합니다. 그들은 스스로 "하나님께서 다 이해하실거야"라고 생각합니다. "하나님께서는 내 환경을 다 아시며, 내가 얼마나 바쁜지를 알고 계시고, 또한 내가 완전한 사람이 아니라는 것도 알고 계실거야." 그들은 자기들의 불순종을 합리화하며, 자신들이 영적 훈련을 하지 않는 것에 대해 빠져 나갈 구멍이라고 생각되는 구절들을 찾아내어 이를 재빨리 인용합니다. 그들은 히브리서 12:14과 같은 구절은 무시합니다. "모든 사람으로 더불어 화평함과 거룩함을 좇으라. 이것이 없이는 아무도 주를 보지 못하리라."

성경에 대하여 잘 모르거나 혹은 매우 잘 안다고 확신한다

가짜 확신을 가진 사람이 어떻게 이런 양극단에 빠질 수 있는지를 예를 들어 설명해 봅시다. 세례, 가족의 기독교 유산, 혹은 특이한 경험에 의지하여 확신하고 있는 사람들은 대개 성경에 대한 지식이 별로 없습니다. 그들은 말씀이 중요하다고 느끼지 않기 때문에 하나님의 말씀을 배우는 일에 별로 신경을 쓰지 않았습니다. 이는 바로 그들이 성경 말씀을 모르며, 성경 말씀이 구원과 확신에 대하여 어떻게 말하고 있는지를 모르기 때문입니다. 그들은 자기들이 원하는 것을 진정한 기독교 신앙 바깥에서 이미 얻었습니다(적어도 그들은 그렇게 생각합니다). 그러니 왜 성경을 공부하겠습니까?

우리 근처에 있는 한 대학에서는 몇 년 전에 영매(靈媒)에 관한 서적 전시회를 가졌습니다. 우리 교회는 입구 바깥 쪽에다 간이 사무실을 하나 만들어 그 전시회에 참석하는 사람들에게 전도지를 주며 전도를 했습니다. 나는 한 사람에게 접근하여 긴 대화를 나누었는데, 그는 하늘나라에 들어갈 것을 확신하고 있었습니다. 그는 자기가 세례를 받았으며, 교회 의식에 잘 참석했기 때문에 구원을 확신한다고 했습니다. 이러한 확신은 또한 특별한 영매 경험을 함으로써 더욱 강화되었습니다. 나는 그에게 그가 알고 있는 "기독교"에 새로이 배운 영매에 관한 것이 어떻게 부합되는지 물었습니다. 그는 성경의 인물인 요셉도 영매였다고 말했습니다. 그리고 성경에서는 자신의 "은사"를 여러 곳에서 증거해 준다고 했습니다. 물론 이 모든 것은 하나님의 말씀에 대한 완전한 무지를 드러내고 있는 것이었습니다. 특히 성경에서는 영매와 같은 것에 대한 분명한 경고를 하고 있는데도 이를 모르는 것이 분명하였습니다.

이런 식으로 가짜 확신을 가지고 있는 사람과는 반대로 성경에 대하여 엄청난 지식을 자랑하는 사람도 있습니다. 그럼에도 그들의 삶은 전혀 그리스도를 드러내지 않습니다. 그들이 "사람의 방언과 천사의 말"을 한다고 해도, 성경에서는 만약 그들에게 "사랑이 없으면" 그들은 "소리나는 구리와 울리는 꽹과리"가 된다고 합니다(고린도전서 13:1). 그들이 "예언하는 능이 있어 모든 비밀과 모든 지식을" 아는 것처럼 보이지만, 그들에게 "사랑이 없으면" 아무것도 아니라고 했습니다(13:2).

사도 바울은 고린도 교인들에게 "하나님의 나라는 말에 있지 아니하고 오직 능력에 있음이라"(고린도전서 4:20)고 했습니다. 건전한 교리를 아는 것은 그리스도인으로서 성숙하며 완전한 확신을 갖는 데에 필요합니다. 그러나 그리스도를 닮은 삶을 살고 있지 않다면 이는 아무 소용도 없습니다.

앤드루 그레이는 우리에게 다음과 같은 현명한 조언을 합니다. "여러분, 여러분이 구원에 관한 증거를 알아볼 때 자신이 해온 말이 아니라 행동을 살펴보시기 바랍니다."

그들은 다른 사람을 통해 대리 만족(代理滿足)을 얻거나 아니면 지나치게 독립적인 태도를 보인다

가짜 확신을 가진 사람들 중에는 다른 사람을 통해 대리 만족을 하는 사람들이 있습니다. 그들은 다른 사람들이 깊이 헌신하도록 합니다. 그리고는 그들과 함께하거나 혹은 동일시함으로써 자기들도 그러한 영적인 삶을 살고 있다고 생각합니다.

이는 어떤 목회자나 그리스도인에 대해 맹목적인 충성심을 가지는 형태로 드러나기도 합니다. 이런 태도는 가족 중의 다른 사람, 특히 배우자의 헌신적인 삶을 의지함으로 표현되기도 합니다. 그들은 그가 성경 읽기, 기도, 성경 공부 등을 열심히 하도록 합니다. 그리고 그 사람과 가까운 관계를 유지함으로써 하나님께서 그분과 보다 긴밀하게 동행하는 사람에게 주시는 은혜와 복을 자기에게도 어느 정도는 주실 것이라고 생각합니다.

대리 만족을 추구함으로써 생기는 가짜 확신은 강한 기독교 유산을 가진 사람에게 특히 위험할 수 있습니다. 한 친구는 그의 어머니가 다른 사람의 믿음을 의지하여 하나님과의 관계에서 안전하다고 믿는다고 했습니다. 그 어머니는 "내가 태어난 후 첫 5년간은 목사이셨던 할아버지의 목사관에서 살았는데, 이것이 내가 하늘나라에 가는 데에 큰 도움이 될 것이 틀림없어"라고 주장하고 있다는 것입니다.

성경에서는 악한 헤롯이라도 세례 요한의 말을 달게 들었다고 합니다(마가복음 6:20). 예수님을 십자가에 못박으라고 외쳤던 수많은 사람들도 한때는 예수님의 말씀을 "즐겁게 들었습니다"(마가복음 12:37). 그러나 이런 태도가 있다고 그들이 하늘나라에 들어갈 것이라고 확신하는 것은 정말 큰 실수입니다.

단지 경건한 사람을 좋아하거나 그와 가까이 지내는 것은 심판날에 아무런 도움이 되지 않습니다. 하늘나라의 문에서는 오직 한 번에 한 사람씩만 들여보냅니다.

이와는 반대로, 가짜 확신을 가진 사람들 중에는 지나치게 독립적인 사람도 있습니다. 그들은 교회에 참석할 필요를 거의 느끼지 않습니다. 하나님을 다른 사람들과 함께 예배하는 것은 우선 순위를 차지하지 않습니다. 그들은 그들 나름의 방식으로 예배를 드리며, 그저 감사하다는 말만 합니다. 그리스도인의 교제를 위하여 모이는 것은 영적 무소속인 사람에게는 불필요한 것으로 보입니다. 그들은 교회에 모이는 사람들 중에는 위선자가 너무 많다고 합니다. 그들은 자신이 교회에 출석하는 사람들 못지않게 선하다고 생각합니다. 그래서 만약 교회 다니는 사람들이 하늘나라에 간다면 그들도 역시 하늘나라에 갈 수 있다고 확신합니다.

하늘나라에 갈 수 있다고 확신하면서 그리스도인의 교제에는 관심을 보이지 않는 사람들은 요한일서 2:19이 그러한 태도에 어떻게 적용되는지 생각해 보아야 합니다. "저희가 우리에게서 나갔으나 우리에게 속하지 아니하였나니, 만일 우리에게 속하였더면 우리와 함께 거하였으려니와, 저희가 나간 것은 다 우리에게 속하지 아니함을 나타내려 함이니라."

항상 진리에 저항하거나, 절대로 진리에 이르지 못한다
자기는 그리스도를 따르는 사람이라고 하면서도 지속적으로 그리스도에 대한 진리에 저항하는 사람보다 더 속고 있는 사람이 어디에 있겠습니까? 그들은 "물론 나는 그리스도인입니다"라고 말하면서도 성경을 전혀 읽지 않으며, 성경 말씀에 대한 가르침이나 설교를 듣는 것을 지겨워합니다. 말씀에 의한 삶의 변화는 전혀 없습니다.

하나님의 진리는 단지 "수많은 규율의 모음"일 뿐입니다.

그러나 데살로니가후서 2:10에 의하면, 하나님의 진리를 사랑하지 않고 저항하는 사람은 영원히 멸망할 것이라고 경고합니다. "그것은 멸망받을 자들이 자기들을 구원할 진리를 받아들이지도 않고 사랑하지도 않기 때문입니다"(새번역).

이와는 반대의 사람들도 있습니다. 그들은 자기가 믿는다고 하면서도 디모데후서 3:7 말씀처럼 "항상 배우나 마침내 진리의 지식에 이를 수 없는" 사람들입니다. 수없이 성경 공부에 참석하고, 설교도 정기적으로 듣습니다. 듣고 또 듣지만 하나님의 말씀을 섭취하는 것은 마치 구멍 뚫린 자루에 진리의 다이아몬드를 집어넣는 것과 다를 바가 없고 밑빠진 독에 물을 붓는 격입니다. 그들은 복음을 제대로 이해하지 못하고 있다는 사실도 깨닫지 못하고 있을 것입니다.

나는 어떤 사람을 여섯 달 동안 매주 만났는데, 그는 성경 공부와 예배에 성실하게 참석하였습니다. 그는 매일 성경을 읽었습니다. 그는 배웠습니다. 그러나 구원에 이르게 하는 지식은 배우지 못하는 것 같았습니다. 어떤 사람들은 이런 식으로 60년 동안을 지냅니다. 그들은 진리를 듣고 있으며 "최선을 다하여" 살고 있기 때문에 괜찮다는 생각을 합니다. 더욱 심각한 것은, 그들은 대부분 요한일서에 나오는 구원의 증거들에 비추어 한 번도 자기 자신을 시험해 보지 않았다는 것입니다. 그렇게 해보았다면 그들이 구원의 확신을 가질 만한 근거가 없다는 것을 성령께서 깨닫게 해주셨을 것입니다.

추가 적용

당신은 하나님께서 당신을 받아들이셔서 하늘나라에 들어가게 하실 것이라고 믿습니까? 왜 그렇습니까? 만약 당신이 구원의 확신을 가지고 있다면, 그 이유가 무엇입니까? 오해하지 마십시오. 나는 당신이 확신하기를 원합니다. 이 책은 구원을 확신하는 사람들의 확신을 더욱 견고하게 하기 위한 것입니다. 그러나 또한 구원에 대하여 불확실한 사람들을 자극하여 자신과 하나님의 관계에 대하여 깊이 생각해 보도록 돕기 위한 것이기도 합니다. 당신이 그리스도인이라는 것을 확신한다면, 이 책을 통하여 왜 그런 확신을 가지고 있는지를 분명히 하기 바랍니다.

당신은 왜 가짜 확신을 가지고 있는 게 아니라고 믿습니까? 이 질문 또한 당신에게 의심을 심기 위한 것이 아니라 당신에게 생각할 기회를 주기 위한 것입니다. 당신은 이전에 소개한 것들과 같은 성경적 근거들을 토대로 하나님과 올바른 관계에 있다고 믿습니까? 그렇다면 이 질문을 두려움없이 받아들이십시오. 만약 확신하고 있지 못하다면, 그리스도께 나아가 당신의 영혼의 상태를 알게 해달라고 기도하십시오.

만약 당신의 태도가 "주님, 저는 주님께서 성령께서 제 안에 계신다는 증거를 보여 주셨다고 생각합니다. 그러나 제가 속지 않도록 도와주소서"라고 하는 것이라면, 이는 당신의 확신이 진실됨을 보여 주는 것입니다. 이것이 가짜 확신의 가능성에 대한 겸손하고도 건전한 접근입니다. 프린스턴의 신학자인 A.A. 하지는 다음과 같이 기록했습니다. "진짜 확신과 가짜 확신 사이의 분명한 차이들 가운데 첫째는 진짜 확신에는 겸손이 수반된다는 것입니다." 나는 사람들이 가짜 확신의 가능성에 대하여 무관심하거나 화를 낼 때 염려가 됩니다. 반대로 사려 깊게 겸손한 태도로 대할 때 나는 격려를 얻습니다.

진짜 확신의 근원은 하나님의 성품과 예수 그리스도께서 하신 일과 하나님의 약속의 진실성임을 기억하십시오. 나는 우리 교회에 다니는 미연방 수사국의 한 요원과 대화를 나누다가 내가 들어 왔던 말이 사실인지 물어 보았는데, 그는 그렇다고 대답했습니다. 즉 연방 수사국 요원은 진짜 화폐의 모든 부분을 세밀하게 관찰하여 익숙해져 있기 때문에 위조 화폐를 보면 금방 알아차린다는 것입니다. 만약 여러분이 진짜 확신의 근거에 대하여 자세히 파악하고 있고 그것만을 의지하고 있다면, 무엇이 가짜인지는 분간할 수 있게 될 것입니다.

진주만 공습과 관련하여 가슴 아픈 일은, 수없이 많은 경고를 들었음에도 모든 경고를 그냥 흘려 보낸 것입니다. 군당국은 레이더라 불리는 최신 무기를 그 일이 있기 직전에 배치할 정도였습니다. 우리가 잠자고 있던 새벽이란 책에서 고든 프랜지는 갑자기 오실로스코프에 믿을 수 없을 정도로 삑삑 소리가 많이 났다고 기록하고 있습니다. 조셉 로카드 일병은 이 첨단 장비가 이상해졌다고 생각했으나, 간단한 조사를 해보니 장비는 완벽하게 작동하고 있었습니다. 그 레이더 기지의 또 한 사람의 당번병이었던 조지 엘리오트 일병은 이 엄청난 일을 정보 센터에 보고하였습니다.

그날 아침 정보 센터를 책임 맡은 통제관의 부관인 커밋 테일러 소위가 엘리오트와 통화했습니다. 그는 레이더가 캘리포니아에서 출발한 B-17 폭격기 편대를 포착한 것이라고 확신했습니다. 테일러는 "알았다. 더 이상 걱정마라"고 하며 통화를 끝냈습니다. 그래서 모든 사람은 안전에 대한 가짜 확신을 가지게 되었고, 그 평화롭고 아름다운 일요일 아침에 그들의 생명을 빼앗기리라고는 전혀 생각도 하지 않았습니다.

당신도 마찬가지로 경고를 받았습니다. 하나님과 올바른 관계에 있으며 하늘나라에 갈 수 있다는 가짜 확신을 가질 수도 있다는 경고를 들었습니다. 당신이 하늘나라에 갈 수 있다는 소망이 어디에 근거하고 있는지 살펴보라는 경고를 들었습니다. 당신을 용서하여 하늘나라에 데려갈 수 있는 분 오직 그분에게 당신의 소망이 있다는 것을 확실히 알도록 하십시오.

오늘 당장 평화롭고 아름답다고 해서 안전하다고 생각하지 마십시오. 진주만을 공습했던 비행기보다 훨씬 더 갑작스럽게 그리고 더 빨리 그 심판날이 다가옵니다. 가짜 확신을 가지고 있어 준비되지 아니한 사람은 불과 유황으로 타는 못에 빠져 영원한 형벌을 받게 될 것입니다. 그리스도를 사랑하며 주님께서 오실 그날을 기다리는 사람들은 하나님의 진노에서 구원을 받으며, 하나님과 함께하며 진정한 평화와 말로 다 표현할 수 없는 즐거움을 영원히 누리게 될 것입니다.

제 10 장

아직도 확신하지 못한다면

> 우리가 진실로 하나님의 자녀라는 것을 아는 것보다 더
> 중요한 것은 없습니다.…이러한 확신이 없다면 그리스도인의
> 삶의 모든 축복을 진정으로 누릴 수가 없습니다.
> – 마틴 로이드 존즈

예수님께서는 십자가에 못박히시기 전날 밤에 제자들과 함께 마지막 유월절을 지켰으며, '최후의 만찬'을 인도하셨습니다. 만찬 도중, 주님께서는 그분을 가장 가까이 따르던 자들에게, 그들 가운데 한 명이 그분을 대적(對敵)에게 넘겨 줄 것이라고 말씀하셨습니다. "저희가 먹을 때에 이르시되, '내가 진실로 너희에게 이르노니, 너희 중에 한 사람이 나를 팔리라' 하시니"(마태복음 26:21).

이 말씀에 대한 제자들의 반응을 한번 살펴보십시오. "저희가 심히 근심하여 각각 여짜오되, '주여, 내니이까?'"(22절).

이 질문의 형태를 볼 때 배반자 가룟 유다를 제외한 열한 명의 충성된 제자들은 자신들이 어떻게 예수님을 배반할 수 있는지 상상조차 할 수 없었다는 것을 알 수 있습니다. 그럼에도 불구하고 예수님의 말씀에 의해서 제자들은 주님과의 관계에 대한 확신을 약간씩은 잃게 되었습니다.

앞에서 말한 적이 있지만, 진정한 그리스도인이라 할지라도 주님

과의 관계에 대한 확신이 결여될 수 있습니다. 주님을 충성되이 따르는 진정한 그리스도인이라 할지라도, 성경에서 가짜 확신에 대한 예수님의 말씀을 읽고는 심히 근심할 수 있습니다. 그들은 자기들의 마음속에 때때로 배반적인 경향이 있다는 사실을 양심을 통하여 듣습니다. 그래서 경고를 듣고는 하늘나라에 대한 자신들의 소망이 가짜일 수도 있다는 생각이 들어 근심에 잠긴 채 "주여, 내니이까?"라고 묻습니다.

만약 당신이 구원을 받았으며 하늘나라에 갈 수 있다는 확신이 아직도 없다면 지금 어떻게 하시겠습니까? 예수님의 제자들처럼, 당신이 예수님을 수년 동안 따라왔는데도 여전히 예수님과의 관계에 대하여 염려가 된다면 어떻게 합니까? 다음에 제시하는 것들을 실행해 보십시오. 이것들은 순서대로 따라야 하는 것은 아닙니다. 또한 이 제안들을 실행한다고 해서 반드시 확신을 얻는다는 보장이 있는 것도 아닙니다. 그러나 만약 당신에게 아직 확신이 없다면, 확신을 얻고자 노력하지 않고서는 확신을 가질 가능성이 전혀 없습니다. 성경에 기초를 두었을 뿐만 아니라, 여러 세대에 걸친 경건한 분들의 통찰력과 목회 경험에서 비롯된 제안들을 소개합니다.

당신이 당연히 복음을 이해했으리라고 생각하지 말라

1993년 교회에 출석하고 있는 사람들을 대상으로 실시한 조사는, 복음에 대하여 혼돈하고 있는 사람들이 많이 있으며, 심지어 복음을 전할 책임이 있다고 생각하는 사람들조차 복음을 제대로 모르고 있다는 것을 보여 주었습니다. 이 조사에 응답한 사람의 46퍼센트는 자기가 다른 사람에게 복음을 전할 책임이 있다고 말했습니다. 81퍼센트는 성경의 가르침이 완전하다고 믿었으며, 94퍼센트는 예수 그리스도께서 십자가에 못박히시고 부활하신 것을 믿는다고 했습니다. 그러나 이들 중에서 48퍼센트에 이르는 사람들이 "만약 사람이 선하게 살거나 다른 사람을 위하여 선행을 많이 하면… 그들은 하늘나라에 들어갈 수 있다"고 믿고 있었습니다. 다른 말로 하면, 성경을 믿고 그리스도를 사랑하며 전도를 중요하게 생각하는 교회 출석자의 거의 반이 선행으로도 구원을 얻을 수 있다고 생각하고 있다는 것입니다! 그들의 여러 가지 올바른 생각들에도 불구하고, 정작 그들은 가장 기본적이고 중요한 것, 즉 복음은 제대로 이해하지 못하고 있었습니다.

나의 목회 경험을 통해서도, 상당수의 사람들이 자기가 당연히 복음을 제대로 이해하고 있을 것으로 생각하고 있음을 알 수 있었습니다. 그러나 복음에 대하여 설명을 해보라고 하면 걱정스러울 정도로 불명확했습니다. 새로이 믿고 영적으로 성장하고 있는 것이 틀림없어 보이는 한 그리스도인이 지난주에 나를 찾아왔습니다. 그녀는 무뚝뚝하게 "이런 질문을 하는 것이 거북스럽기는 합니다만, 도대체 복음이 무엇인가요?"라고 물었습니다. 이야기를 해보니 그녀는 복음이 무엇인지는 알고 있었습니다. 그러나 좀더 명확한 정의를 알고, 좀더 자세하게 생각해 보기를 원하는 마음이 있었습니다. 그렇게 솔직하게 나오는 것이 참으로 신선했습니다. 좀더 많은 사람들이 복음에 대하여 그렇게 명확하게 알기를 원했으면 좋겠습니다.

당신은 복음을 알고 있다고 확신합니까? 신약성경에서는 단순하게, 복음이 구원을 주시는 하나님의 능력이라고 했습니다(로마서 1:16). 복음에 관한 여러 세부적인 것들을 모두 아는 것과 복음의 핵심을 아는 것은 다릅니다. 그러나 복음의 기본적인 메시지를 모르는 상태에서는 그리스도인이 될 수 없습니다. 일생 동안 복음을 접해 왔고 대단한 종교적 경험들을 수없이 했다고 해도 구원의 조건을 모른다면 당신은 구원받지 못한 것입니다.

만약 당신이 한 친구에게 편지를 써서 복음을 설명한다고 합시다. 어떻게 쓰겠습니까? 어떠한 형태로든 사도 바울이 고린도전서 15: 3-4에서 말한 내용을 포함시켜야 할 것입니다. 바울은 헬라인인 이 그리스도인들에게 다음과 같이 썼습니다. "내가 받은 것을 먼저 너희에게 전하였노니, 이는 성경대로 그리스도께서 우리 죄를 위하여 죽으시고 장사지낸 바 되었다가 성경대로 사흘 만에 다시 살아나사."

이는 적어도 우리가 복음을, 우리의 개인적인 죄, 이 죄값을 치르기 위한 그리스도의 죽음, 그리고 그분의 승리의 부활에 대하여 성경에서 보여 주는 메시지로 이해해야 한다는 것을 보여 줍니다. 이 메시지로부터 축복을 경험하기 위해서는 "회개하고 복음을 믿어야" 한다고 예수님께서 말씀하셨습니다(마가복음 1:15).

복음은 하나님의 사랑과 천국과 지옥, 황금률, 혹은 재림에 관한 메시지 그 이상의 것입니다. 이 모든 것을 인정하면서도 그리스도인이 아닐 수 있다는 것을 알고 있습니까? 아마 당신은 어린 시절부터 성경 구절들을 인용할 줄 알았겠지만, 그것이 바로 당신이 복음을 선명하게 이해하고 있었다는 의미는 아닙니다. 당신은 성경의 모든 사실을 실제 사실로 받아들일 수도 있습니다. 의도적으로 그 가르침을 부인하지는 않을 수도 있습니다. 그럼에도 구원은 받지 못했을 수가 있습니다.

당신은 복음을 알고 있습니까? 죄가 무엇인지 알고 있습니까? 죄란 단지 실수하거나 완전하지 못한 것 그 이상임을 알고 있습니까? 죄란 하나님께서 당신에게 하지 말라고 하신 것을 의도적으로 하는 것입니다. 죄란 또한 의도적이든 아니든 하나님께서 당신에게 하라고 하신 일을 하지 않는 것입니다. 당신의 죄는 이처럼 거룩하신 하나님을 모욕하며 분노를 일으키는 것입니다. 하나님께서는 그 죄에 대해 벌하실 수밖에 없습니다. 그러나 하나님께서는 우리 죄로 인해 하나밖에 없는 아들이신 예수 그리스도께 형벌을 내리셨습니다. 그리하여 하나님께서는 회개하고 그리스도를 믿는 모든 사람들을 하늘나라로 받아들이실 수 있게 되었습니다. 이것이 진실이며, 이 한 번의 제사를 받으셨다는 증거로서 하나님께서는 예수 그리스도를 죽음에서 부활시키셔서 다시는 죽지 않게 하셨습니다.

만약 당신이 하나님께서 당신을 받아 주실지에 대해 확신이 없다면, 당신은 앞서 설명한 이것이 당신이 믿는 메시지라고 확신합니까? 만약 그렇지 않다면, 당신은 진정한 구원과 확신을 가져다 주는 메시지를 한 번도 들어보지 못했거나 믿지 않았기 때문에 확신이 없는 것입니다.

복음에 대하여 깊게 생각해 보라

당신이 진정으로 복음을 깨닫고 있으며, 하나님의 자녀일 수도 있습니다. 그렇다면 복음에 대하여 조금만 더 깊게 생각해 보면 확신을 얻을 수 있습니다.

그리스도인 모임에 참석했을 때를 제외하고 가장 최근에 당신이 복음에 대하여 진지하게 그리고 오래 생각해 본 것이 언제입니까? 그런 경험이 있기라도 합니까?

휴대용 전화기와 녹음기가 널리 퍼진 이 세대에는 이와 같은 묵상의 기회가 별로 없습니다. 음악이나 텔레비전이 없는 장소에 있는 경우가 많지 않습니다. 그래서 우리는 수동적 사고 상태에 머물며, 우리 스스로의 선택에 의해 능동적으로 사고하는 상황은 그리 많지 않습니다. 그러나 복음의 위대함을 묵상해 보지 않으면 그 복음으로부터 확신을 길어낼 가능성도 그만큼 줄어들 것입니다.

존 머리는 다음과 같이 말합니다. "너무나도 자주 믿는 사람들은 복음을 축약하여 마치 복음이 죄의 용서와 죄의 형벌에서 자유케 되는 것만으로 이루어진 것처럼 생각하고 맙니다." 죄를 용서받고 죄의 형벌에서 자유케 되는 것은 복음의 일부분일 뿐입니다. 이 내용뿐만 아니라 복음과 연관된 양자 됨, 택함받음, 칭의, 성화, 영화 등과 같은 위대한 진리에 대하여 생각해 보십시오. 이 말들의 의미가 무엇인지 잘 모르고 있습니까? 이 때문에 확신이 부족한지도 모릅니다. 이는 또한 당신이 이에 대하여 묵상해야 할 필요가 있음을 보여 주고 있는 것입니다. 성구 사전이나 성경 사전 혹은 당신에게 도움이 되는 다른 참고 자료들을 찾아보십시오. 목사나 기독교 서점, 혹은 교회 도서관을 찾아가서 앞에서 소개한 그런 진리들을 묵상하는 데 도움을 주는 자료가 있는지 알아 보십시오.

확신은 복음에 대하여 깊이 생각함으로써 복음으로부터 길어냅니다. 이는 마치 벌새가 꽃 주위를 맴돌다가 꽃으로부터 꿀을 얻는 것과 마찬가지입니다. 복음에 대해 깊이 생각하기 위해 속히 시간을 내십시오.

알고 있는 모든 죄를 회개하라

때때로 죄를 범함으로 확신이 사라질 때가 있습니다. 모든 죄가 우리 확신에 찬물을 끼얹은 것은 아닙니다. 만약 그렇다면 확신을 가질 사람은 아무도 없을 것입니다. 그러나 우리가 마치 불신자와 같은 삶을 산다면 하나님께서는 우리가 마치 불신자인 것처럼 느끼게 하십니다. 즉, 그분이 우리로부터 아주 먼 곳에 계신 것처럼 느끼게 되는 것입니다. 목사요 저술가인 조우얼 비키의 말을 들은 것이 생각납니다. "낮은 수준의 순종의 삶을 살고 있을 때에는 높은 수준의 확신을 경험할 수가 없습니다."

죄로 말미암아 구원받았다는 느낌이 희미해졌을 때는 회개해야만 확신을 회복할 수 있습니다. 하나님께서는 우리의 죄를 기뻐하시지 않지만, 우리가 돌이키고 상한 심령으로 하나님께 나아오는 것은 기뻐하시기 때문입니다.

무엇인가 하나님께 자백할 거리를 만들기 위해 억지로 이것저것 모으지는 마십시오. 하나님께서는 그분의 자녀들이 겸손할 때 기뻐하시나, 비굴하게 기며 나아오는 것을 원하지는 않으십니다. 당신이 오랫동안 자백하지 않고 집착해 온 죄가 있다면 회개할 필요가 있습니다. 이 죄는 버리지 않고 확신을 다시 얻기 위해 다른 모든 방법을 시도해 왔을 경우에도 반드시 회개해야 합니다. 청교도 목회자이며 저술가인 토머스 왓슨이 말한 것처럼 "자기만 알고 있는 은밀한 죄를 가진 사람은 완전한 확신을 가지고 하나님께 나아갈 수 없습니다." 게다가 하나님께서는 "깨끗하지 않은 잔에는 확신의 포도주를 부어 주시지 않습니다."

다윗 왕의 죄가 드러나고 이를 자백했을 때 그는 하나님께서 상하고 통회하는 마음을 멸시치 아니하신다는 사실을 알게 되었습니다(시편 51:17). 완전히 회개했을 때 하나님께서는 구원의 즐거움을 회복시켜 주셨습니다(12절). 우리가 진심으로 회개할 때 하나님께서는 다윗 왕의 경우처럼 은혜롭게 그리고 온전히 구원의 즐거움을 회복시켜 주실 것입니다.

그리스도의 주재권 아래 온전히 굴복하라

아플 때 어떤 특정한 증상이나 병을 치료하는 것과 일반적인 건강을 늘 유지하는 것은 별개의 문제입니다. 어떤 죄를 회개하는 것은 당신의 영적인 건강을 해쳤던 그 죄를 수술하는 것입니다. 당신의 삶의 모든 것을 그리스도의 주재권 아래 복종시키는 것은 당신의 일반적인 건강을 유지하는 방법입니다.

사람은 저마다 아플 때가 있습니다. 그런데 어떤 사람들은 거의 언제나 아픈 것처럼 보입니다. 항상 아픈 사람은 대개 새로운 생활방식이 필요합니다. 식이 요법을 하거나 환경을 바꾸어야 할지도 모릅니다. 아니면 개인 청결 유지를 위해 힘써야 할지도 모릅니다. 마찬가지로 만성적으로 구원의 확신이 결여된 그리스도인이 있습니다. 이는 어떤 한 죄 때문이 아니라 삶의 많은 영역에서 기본적인 변화가 필요하기 때문입니다.

제8장의 예를 다시 살펴봅시다. 한 여인의 경우, 어린 시절에 믿었고 그 후 성장하면서 삶의 중요한 영역들이 계속 새로이 첨가되었는데, 이 새로운 영역들은 그리스도의 주재권 아래에 있지 않았습니다. 만약 당신이 오랫동안 확신이 결여된 상태에 살았다면, 혹시 그리스도의 주재권에 온전히 굴복하지 않은 삶의 영역이 있기 때문은 아닙니까? 만약 그렇다면, 이전에 하나님의 뜻을 분별하지 않고 자연스럽게 살아 왔던 영역들에서 의도적으로 그리스도 중심의 삶을 살기 위해 애써야 합니다(요한복음 14:21).

토머스 브룩스는 이에 관하여 기록하였습니다. "우리의 영혼이 그리스도를 더욱 닮아 갈수록 그리스도에 대한 확신은 더욱 견고해질 것입니다."

요한일서를 많이 묵상하라

요한일서의 기록 목적을 아십니까? 요한일서 5:13을 보면 "내가 하나님의 아들의 이름을 믿는 너희에게 이것을 쓴 것은 너희로 하여금 너희에게 영생이 있음을 알게 하려 함이라"고 기록되어 있습니다. 어떤 그리스도인은 그들에게 보내 주신 하나님의 "사랑의 편지"를 간과해 왔기 때문에, 하나님께서 그들을 사랑하신다는 확신을 갖지 못하고 있습니다.

미국 텔레비전에서 오랫동안 방영되어 온 프로인 "명화 극장"에서는 한 유럽 노인에 관한 이야기를 소개한 적이 있었습니다. 이 노인은 외롭고 불행한 생을 살았습니다. 수십 년 전에 그는 한 여인을 사랑했고 결혼하기를 원했습니다. 자기의 감정과 의향을 충분히 표현하기도 전에 그는 제1차 세계 대전에 참전해야만 했습니다. 전장에서 그는 용기를 내어 자기의 마음을 편지에 썼고 그리고 청혼을 했습니다. 그러나 이 편지에 대한 답장은 오지 않았습니다. 너무도 상심한 나머지 그는 다른 여자와 결혼하는 것에 대해서 한 번도 생각해 보지 못했습니다.

전쟁에서 돌아와 보니 그가 사랑했던 여인은 다른 사람과 결혼하여 다른 마을에 살고 있었습니다. 가끔 그는 그 여인을 바라보며, 무슨 일이 있었는지 상상해 보곤 했습니다. 그러나 그는 그 여인으로부터 거부당한 충격에서 결코 벗어나지 못했고, 대부분의 생을 자기의 조그만 농장에서 외롭게 보냈습니다.

그의 생이 거의 끝나 갈 무렵 어느 날, 그 사람은 벤치에 앉아서 한 노파와 대화를 나누고 있었습니다. 그 노파는 지난 수십 년 동안 그 사람과 그의 옛 애인 둘 다를 잘 알고 있었던 사람이었는데, 장례식에 참석하기 위해 마을에 돌아와 있었습니다. 언제나 그 옛날의 애인에 대하여 관심을 기울이며 살아온 그였기 때문에, 그는 자기의 옛 애인의 안부를 물었습니다. 잠시 얘기를 하다가 그 노파는 그에게 물었습니다. "그런데 당신은 왜 그녀 곁을 아무 말 없이 떠난 후에 결혼하지 않았습니까?"

아직도 확신하지 못한다면

편지를 통해 자기의 마음을 털어놓으며 청혼을 했지만, 그녀가 답장을 하지 않아 너무나 낙심이 되었던 이야기를 할 때 그 불쌍한 노인의 얼굴에는 슬픈 빛이 감돌았습니다. 그리고는 자기가 일생 동안 얼마나 그녀를 사랑해 왔는지, 그리고 지금도 여전히 그녀를 얼마나 사랑하고 있는지를 말하며 한숨을 쉬었습니다.

그 노파는 한동안 말이 없었습니다. 그러더니 "정말 편지를 못 받아 보셨어요?"라고 물었습니다. 그는 떨리는 마음으로 말을 했습니다. "내가 한 장이라도 받았다면 내 평생 동안 읽고 또 읽었을 것이오." 그는 자기 주머니에서 그녀의 사진과 머리카락을 조심스럽게 꺼내었습니다. 그 사진은 가장자리가 닳고 또 닳아 너덜너덜해져 있었습니다. "나는 평생 동안 이것들을 가지고 다니며, 날마다 보곤 했었다오." 한참이 지나서야 그 노파는 말문을 열었습니다. "나는 그녀가 당신에게 보내는 편지를 가지고 우체국에 직접 가서 부쳤었습니다. 그녀는 당신의 편지를 받고 얼마나 기뻐했는지 모릅니다. 그녀는 편지에 자기의 모든 마음을 당신에게 다 털어놓으며, 얼마나 당신을 사랑하는지를 말했고, 당신과 결혼하기를 정말 원한다고 기록했습니다. 그런데 그 편지를 받지 못했습니까?"

물론 그는 답장을 받지 못했습니다. 그리고 그와 마찬가지로 그녀도 답장을 전혀 받지 못했기 때문에 그의 사랑에 대한 확신을 송두리째 잃었던 것입니다.

하나님께서는 요한일서를 "하나님의 아들의 이름을 믿는" 사람들에게 쓰셨습니다. 이 서신서는 하나님의 자녀들에게 그분의 사랑과 더불어 영원을 함께 보내고자 하는 하나님의 계획을 확신시키고자 하는 분명한 목적을 가지고 있습니다. 하나님과의 관계에 대하여 의심이 든다면, 절대로 이 서신서를 간과하지 마십시오. 하나님께서 당신의 마음을 확신으로 가득 채울 때까지 읽고 또 읽으십시오. 요한일서 2:3-5, 3:5-6, 3:14, 3:22, 5:2, 그리고 5:11-13과 같은 구절들을 기도하며 읽으면서 당신의 삶을 비추어 보십시오.

신학자인 R.C. 스프라울은 이를 간명하게 파악하였습니다. "믿음이 하나님의 말씀을 듣는 데서 비롯된다면, 마찬가지로 확신도 하나님의 말씀을 듣는 데서 비롯됩니다. 성경을 묵상할 때 나의 확신은 강화됩니다." 이는 특히 하나님께서 우리에게 확신을 주시려고 기록하신 부분을 읽을 때 더욱 그렇습니다.

하나님의 약속을 의심하지 말라

하나님께서 약속을 통하여 주시는 확신을 거절하지 않도록 주의하십시오. 스펄전은 확신을 얻기 위하여 하나님의 약속 그 이상의 것을 원하는 사람들을 책망했습니다. "그들은 주 예수님을 믿습니다. 그리고 하나님께서 그들을 구원하실 것이라는 약속도 가지고 있습니다. 그러나 그들은 이에 만족하지 않습니다. 그들은 그 이상의 확신을 원합니다. 그들은 단순한 구세주의 말씀보다 더 낫게 그들의 구원을 확증하여 줄 증거를 얻어야 한다고 생각합니다."

구세주의 말씀인 요한복음 3:16을 다시 살펴봅시다. "하나님이 세상을 이처럼 사랑하사 독생자를 주셨으니, 이는 저를 믿는 자마다 멸망치 않고 영생을 얻게 하려 하심이니라." "믿는 자마다"라고 했습니다. 나이가 어떠하든, 과거에 얼마나 많은 죄를 범했든, 혹은 배경이나 이전의 종교적 이해가 어떠하든, 믿는 자마다 영생을 얻는다고 했습니다.

로마서 10:9의 하나님의 약속으로부터 확신을 얻도록 하십시오. "네가 만일 네 입으로 예수를 주(主)로 시인하며, 또 하나님께서 그를 죽은 자 가운데서 살리신 것을 네 마음에 믿으면, 구원을 얻으리니." 구원을 얻을지도 모른다가 아닙니다. 구원을 얻는다입니다!

하나님께서는 그분을 헛되이 찾으라고 하지 않으셨습니다(이사야 45:19). 당신은 하나님을 진지하게 찾고 있습니까? 하나님께서 자기를 찾는 자들에게 상 주신다는 약속을 믿으십시오(히브리서 11:6).

당신의 용량대로 최선을 다해 믿고, 더 큰 믿음을 달라고 기도하라

확신이 없는 많은 사람들이 하나님의 약속이 진실한가에 대해서가 아니라, 그 약속에 대한 자기의 믿음이 진실한가에 대하여 의심을 합니다. 그들은 "나는 믿는 자마다 영생을 얻는다는 약속을 확신합니다. 그러나 나는 내가 과연 그때 믿었는지 확신이 없습니다. 나는 믿기 원합니다. 그러나 내가 과연 믿었습니까?"라고 묻습니다.

이런 생각을 하는 사람들은 오래 된 과거의 경험을 되돌아보며 이를 분석하려고 합니다. 믿기로 한 그 당시에 어떻게 느꼈고, 생각했고, 행했고, 이해했는지, 심지어 정확하게 어떤 말로 기도했는지조차 기억하려고 합니다. 그 당시에 표현했던 믿음이 "진짜" 믿음인지에 대하여 고민을 합니다. 그러나 이렇게 하는 것은 자기가 살아있다는 것을 입증하기 위하여 자기의 출생증명서를 찾으려고 하는 것과 다름이 없습니다.

생명이 있는지 그 증거를 찾아야 할 곳이 있다면 바로 현재의 삶입니다. 오늘 당신의 삶에서 성령의 증거들을 찾는 것이 과거의 삶에서 찾는 것보다 더 중요합니다. 만약 현재 증거를 찾을 수 있다면, 당신은 성경적으로 올바르게 믿었음에 틀림없습니다. 그러나 지금 증거가 확신할 만큼 없다면 당신의 최선을 다하여 믿고, 하나님께 더 큰 믿음을 달라고 기도하십시오.

예수님께서 어떤 사람에게 그분을 믿는 것에 대해 말씀하고 계셨는데, 그때 그 사람은 다음과 같이 대답했습니다. "내가 믿나이다. 나의 믿음 없는 것을 도와주소서"(마가복음 9:24). 정도에서는 차이가 있을지언정, 이 사람의 말은 믿음에 관한 모든 그리스도인의 마음을 나타내고 있습니다. 우리는 죄 때문에 완전한 믿음을 가질 수 없습니다. 이 때문에 나는 제2장에서 진정으로 거듭난 그리스도인이라 해도 때로 구원에 대하여 의심할 수가 있다고 말한 것입니다.

더 나아가, 이 사람은 모든 그리스도인이 자기의 믿음이 부족하다고 느껴질 때 취해야 할 태도를 잘 보여 주고 있습니다. 당신이 그리스도를 믿었는지 불확실하다면, 최선을 다해 믿고, 아울러 하나님께 당신의 불신을 제해 주시도록 기도하십시오. 당신이 "더 잘" 믿기 원한다면, 이미 그렇게 기도하곤 했을 것입니다. 당신 자신의 힘으로는 현재보다 더 나은 믿음을 가질 수 없습니다. 따라서, 최선을 다해 믿는 한편 당신에게 부족한 것이 무엇이든 이를 강화시켜 주시도록 기도하십시오. 그것이 당신이 할 수 있는 전부입니다.

이와 같은 접근 방법의 장점은, 당신의 믿음에서 발견되는 부족한 점이 아니라 하나님께 초점을 맞추도록 한다는 것입니다. 당신의 믿음 자체를 지나치게 살피는 것은 당신 자신을 바라보는 것과 다름이 없습니다. 당신 자신의 믿음보다는 그리스도와 십자가에 시선을 집중하도록 하십시오.

영적 훈련을 하라

하나님께서는 소극적인 사람들에게 큰 확신을 심어 주시지 않습니다. 하나님께서는 우리에게 이미 주신 은혜의 수단들을 충성스럽게 사용함으로써 우리가 확신을 발전시키기 원하십니다. 디모데전서

4:7에서 하나님께서는 모든 믿는 자에게 "경건에 이르기를 연습하라"고 하셨습니다. 당신이 하나님께 속하였다는 사실을 아는 것이 경건의 일부이기도 합니다.

　이 은혜의 수단들이란 바로 그리스도인들이 영적 훈련이라고 부르는 것들입니다. 영적 훈련이란 영적 성장을 도모하기 위해 개인적으로나 다른 사람들과 함께 행하는 훈련들입니다. 그것들은 헌신의 습관들이자, 성경 시대부터 하나님의 사람들에 의해서 실행되어 온 실천적인 기독교입니다. 여기에는 모든 형태를 통한 성경 말씀 섭취, 기도, 개인적이거나 공동으로 하는 예배, 전도, 섬김, 시간과 돈에 대한 청지기 직분 수행, 영적 삶에 관한 일기 쓰기, 배움, 묵상 등이 포함됩니다.

　이 모든 것을 행해야 확신을 얻을 수 있다는 말은 아닙니다. 그러나 그중 몇 가지, 특히 성경 말씀 섭취, 기도, 예배, 섬김은 확신을 얻는 것과 더 큰 관련성이 있습니다. 이러한 확신의 방편들을 등한히 하면서 자기들은 왜 확신이 없는지 모르겠다는 사람들이 얼마나 많은지 모릅니다. 토머스 브룩스는 다음과 같이 말했습니다. "이 방편들을 부지런히 사용하지 않는 게으른 그리스도인은 확신을 기대할 자격도 없습니다."

　성냥이 불을 켤 수 있는지 확인하는 가장 좋은 방법은 실제로 성냥을 켜보는 것입니다. 마찬가지로, 당신 안에 성령이 계신지를 확인하는 길은 바로 영적 행동을 해보는 것입니다. 난로의 재 밑에 불씨가 있는지 확인하는 길은 불어 보는 것입니다. "그러므로…네 속에 있는 하나님의 은사를 다시 불일듯하게 하기 위하여 너로 생각하게 하노니"(디모데후서 1:6). 나무의 생명은 겨울의 황량한 가지가 아니라 잎과 열매를 통해 드러납니다. 당신 안에 있는 하나님의 선물이 밖으로 드러나도록 영적 훈련을 하십시오. 당신 삶에서 성령의 열매와 불꽃이 드러날 때 당신의 확신은 더욱 빛날 것입니다.

브룩스의 글을 다시 봅시다. "행동으로 드러날 때 은혜를 알기가 쉽습니다.… 당신의 은혜가 더욱 활동적일수록 은혜는 더 잘 보일 것입니다. 그리고 은혜가 더 잘 보일수록 당신의 확신은 더욱 선명하고 풍성해질 것입니다."

만약 당신이 진정으로 하나님을 사랑한다면 확신을 가지라. 불신자들은 하나님을 열정적으로 사랑하지 않기 때문이다

자연적으로 하나님을 사랑하는 사람은 없습니다. 사실 우리는 본질적으로 하나님을 미워합니다(로마서 8:5-8, 고린도전서 2:14, 에베소서 2:1-3). 물론 자신이 하나님을 미워한다고 생각해 본 사람은 별로 없습니다. 심지어 자기가 하나님을 사랑한다고 말하는 사람도 있습니다. 그러나 사랑에 대한 하나님의 정의에 의하면, 그들은 하나님을 사랑하지 않는 것이 분명합니다(요한일서 4:20, 5:3).

이 때문에 우리가 하나님을 알고 있다는 가장 좋은 증거는, 하나님께 대한, 지속적이고, 희생적이고, 밖으로 드러나는 사랑입니다. "또 누구든지 하나님을 사랑하면 이 사람은 하나님의 아시는 바 되었느니라"(고린도전서 8:3). 당신의 마음 깊은 곳에서는 하나님께 대한 당신의 사랑이 진정한 것인지 아니면 관념에 그치는 것인지, 그리고 당신이 하나님 안에서 가장 큰 즐거움을 누리고 있는지를 알고 있습니다. 만약 당신이 하나님을 사랑한다면, 이는 하나님의 은혜에 의하여 변화된 것이라고 할 수 있습니다. 하나님께 대한 이러한 사랑은 자연적인 것이 아닙니다. 이는 성령으로 말미암은 초자연적인 것입니다.

당신은 하나님을 사랑해야 하는 만큼 사랑하지는 않고 있다고 느낄 수도 있습니다. 이 때문에 당신의 구원에 대하여 의심을 가질 수도 있습니다. 그러나 당신은 하나님을 온전하게 사랑했으면 하는 소원이 있습니까? 당신의 모든 마음과 성품과 뜻을 다하여 하나님을 사랑하지 못하는 것이 안타깝습니까? 믿지 않는 사람은 절대로 그런 생각을 하지 않습니다.

교회 역사상 가장 영향력 있는 사상가 중의 한 사람이었던 4세기의 북아프리카 사람 어거스틴은, 비록 사람들은 금이 없어도 금을 사랑할 수 있지만, 하나님이 없는 사람은 하나님을 사랑할 수 없다고 말했습니다. 당신은 하나님을 사랑합니까?

만약 당신이 죄를 미워한다면 확신을 가지라. 불신자들은 죄를 진정으로 미워하지는 않는다

불신자는 하나님을 열정적으로 사랑하지 않듯이, 죄도 진정으로 미워하지는 않습니다. 불신자는 죄로 말미암아 곤경에 빠질 때 이를 싫어할 수는 있습니다. 그들 나름의 행동 기준에 이르지 못하여 실망하거나 기분이 상할 수도 있습니다. 그러나 이는 그리스도인이 죄를 미워하는 것과는 아주 다릅니다. 그리스도인은 죄가 하나님의 마음을 상하게 하는 것일 뿐만 아니라 죄를 지으면 하나님께로부터 멀어지기 때문에 이를 미워합니다.

그리스도인은 하나님의 형상을 닮아 가는 것이 좋다는 것을 알고 있습니다. 그는 인간의 몸이 악하다고 하지도 않습니다. 그럼에도 그리스도인은 바울이 로마서 7:24에서 말한 바처럼 외칠 때가 있습니다. "오호라, 나는 곤고한 사람이로다. 이 사망의 몸에서 누가 나를 건져내랴." 그리스도인은 자신의 죄악 된 본성에서 완전히 벗어날 날을 간절히 기다립니다.

바울은 성령께서 한 영혼 속에 들어오실 때 시작되는, 죄와의 전쟁에 대해 이렇게 설명했습니다. "육체의 소욕은 성령을 거스리고 성령의 소욕은 육체를 거스리나니, 이 둘이 서로 대적함으로 너희의 원하는 것을 하지 못하게 하려 함이니라"(갈라디아서 5:17). 그리스도인은 그들의 마음에 여전히 육체의 소욕 즉 죄된 본성이 남아 있기 때문에 죄를 지을 때가 있습니다. 그러나 죄를 지은 후에는 다음과 같이 외칩니다. "주님, 저를 용서하소서! 제가 한 행동을 미워합니다. 제가 왜 그것을 계속 행하는지요? 제게서 그러한 죄된 욕망을 제하여 주옵소서. 제가 다시는 그런 죄를 짓지 않도록 저를 변화시켜 주시기를 원합니다." 때로 당신은 죄의 유혹으로 말미암아 죄를 범하고자 할 때도 있을 것입니다. 그러나 성령께서는 당신이 이에 대항하도록 도우실 것입니다.

죄와의 이러한 싸움이 성령께서 내주하고 계신다는, 즉 구원을 받았다는 증거가 된다는 것을 모르는 그리스도인들이 많이 있습니다. 청교도였던 존 오웬은 다음과 같이 썼습니다. "당신의 상태는 죄의 유혹을 받고 있는 것으로 측정할 것이 아니라, 이러한 죄의 유혹에 당신이 얼마나 대항하느냐로 측정해야 합니다." 비록 당신이 죄에 빠져 있다고 해도, 당신이 구원받았는지를 얼마나 많은 죄와 싸우고 있는지로 판단하지 마십시오. 스스로 물어 보아야 할 것은, 당신이 얼마나 죄와 대항하여 싸우며, 얼마나 그것을 미워하느냐 하는 것입니다. 죄가 있다는 사실 때문에 실망하기보다는 죄에 대항하고자 하는 당신의 모습으로 인하여 확신을 가지십시오.

세례를 받은 적이 없다면 세례를 받으라

물 자체는 구원하는 능력이 없습니다. 따라서, 반드시 세례를 받아야만 구원을 받는 것은 아닙니다. 오직 예수 그리스도를 믿기만 하면 구원을 얻습니다. 믿음 이외에 구원의 다른 조건은 없습니다. 또한 세례를 받은 사람은 누구나 반드시 구원을 받는 것도 아닙니다. 오직 예수 그리스도를 믿어야만 구원을 얻습니다. 믿음은 없이 세례를 받는 사람도 있기 때문입니다.

그러나 세례는 예수 그리스도에 대한 개인적인 믿음을 공적으로 공표하는 것이기에 중요한 의미가 있습니다. 그런 의미에서 세례는 구원의 확신을 갖는 데 도움이 됩니다.

베드로전서 3:21에서는 이렇게 말합니다. "물은 예수 그리스도의 부활하심으로 말미암아 이제 너희를 구원하는 표니 곧 세례라. 육체의 더러운 것을 제하여 버림이 아니요, 오직 선한 양심이 하나님을 향하여 찾아가는 것이라."

몇 달 전에 나는 1년 이상 미루어 오던 사람에게 세례를 주었습니다. 미룰수록 구원에 대한 그의 의심이 커갔기 때문이었습니다. 세례를 받은 직후 그의 영적인 삶은 활기를 찾았습니다. 가족이나 불신자 친구들도 그의 변화를 분명히 볼 수 있었습니다. 주님과의 관계도 깊어졌고, 주님을 위하여 다른 사람들에게 더 많은 영향력을 끼칠 수 있었습니다. 영적으로 그는 자유를 느꼈고, 새롭게 힘을 얻었습니다.

만약 당신이 회개하고 예수 그리스도를 믿었다고 생각한다면, 세례를 받기 바랍니다.

주님의 만찬을 무시하지 말라

예수님께서는 본을 보이시는 것을 통해 또 다른 의식을 명령하셨습니다. 바로 주님의 만찬 곧 성찬(聖餐)입니다(누가복음 22:14-20, 고린도전서 11:17-34). 이를 통해 "하나님의 약속은 눈으로 볼 수 있는 것이 됩니다." 주님을 기념하는 이 의식을 무시하거나 혹은 의도적으로 참석을 거절하면, 확신이 떨어질 수도 있습니다.

주님의 만찬에 합당하게 참여하는 것이 너무나 중요하기 때문에, 바울은 고린도전서 11:30에서 고린도 교회의 사람들 중에 어떤 이들은 합당치 못하게 주님의 만찬에 참여했고, 그러한 행위의 결과는 육체의 질병과 죽음으로 나타났다고 말합니다. 이와 같은 심각한 육체적 재난을 일어나게 할 만큼 그것이 중요한 것이라면, 그것을 무시하는 태도 때문에 구원의 확신이 흔들리는 것은 놀랄 만한 일이 아닙니다.

토머스 브룩스는 확신에 관한 고전적인 책인 **지상의 천국**라는 저서에서, 350년 전에 일어났던 일이지만 오늘날에도 일어나고 있는 일을 설명하고 있습니다.

> 오랫동안 두려움과 의심 속에 한탄하며 슬퍼하는 많은 그리스도인이 있습니다. 이 목사에게서 저 목사에게로, 이것 저것 시도해 보지만, 그러나 그들의 불쌍한 영혼을 사랑하시는 그리스도를 전혀 깨달을 수 없었습니다. 그러나 이 의식을 통해 그리스도를 기념함으로써 그들의 두려움과 의심은 떠나갔습니다. 이 의식을 통해 주님께서는 그들의 죄가 해결되었고, 그들의 영혼이 구원을 받았음을 확신시켜 주셨기 때문입니다.

주님의 만찬은 그리스도께서 우리를 위해 그분의 몸을 주신 것을 기념하는 것입니다. 주님의 만찬은 우리를 위하여 십자가에서 피흘리신 주님을 기억하며 받은바 구원을 감사하고, 그리스도 안에서 한 몸이 된 형제들과 함께 모여 교제하며, 자신이 현재 주님과 동행하는 삶을 살고 있는지 자신을 살펴볼 수 있는 기회가 되며, 주님을 증거하고, 주님께서 다시 오실 것을 소망하게 합니다. 그러므로 성찬을 무시하지 마십시오.

육신의 아버지와 하나님 아버지를 비교하지 말라

육신의 아버지와 비교함으로 하나님께서 자기를 사랑하시고 받아주시는지에 대하여 믿음을 갖기가 어려운 사람들이 많이 있습니다. 이는 그들의 아버지나 의붓아버지, 혹은 다른 웃어른에게서 말로, 신체적으로, 성적으로 학대를 받았기 때문일 것입니다. 이 때문에 하나님을 의뢰하는 데에 큰 어려움을 느끼며, 자기는 사랑받거나 용납받을 만한 존재가 아니라고 생각합니다.

한 집사의 부인은 자기가 오랫동안 하나님과의 관계에 대하여 확신하지 못했다고 말했습니다. 여러 가지 말을 해주었지만 소용이 없었습니다. 몇 개월 후에 그녀는 비로소 확신을 갖게 되었는데, 이전에 자기 아버지가 자기를 학대한 문제를 다루고 나서야 가능했다고 했습니다. 그녀는 자기 아버지의 모습이 하나님의 모습을 나타낼 수 없다는 것을 깨달은 것입니다.

아무리 자기 아버지가 훌륭하다 해도 하나님 아버지의 사랑의 본을 거기에서 찾을 수는 없습니다. 그러므로 우리는 하나님께서 스스로 성경에서 보여 주신 그대로의 하나님을 믿어야 하며, 약점이 많은 사람의 성품을 보고 하나님의 성품도 그럴 것으로 생각해서는 안 됩니다.

그렇다면, 하나님 아버지의 성품은 진정 어떠합니까? 예수님께서는 "나와 아버지는 하나이니라"(요한복음 10:30), "나를 본 자는 아버지를 보았거늘"(요한복음 14:9)이라고 말씀하셨습니다. 이는 하나님 아버지께서 요한복음 4장의 사마리아 여인을 받아들여 사랑을 보이신 예수님과 같은 성품을 가지셨다는 것을 의미합니다.

계속 의심이 들면 영적 상담을 요청하라

당신이 여기까지 읽었는데도 확신이 없다면 당신의 교회 목사나 영적 지도자, 또는 성숙한 그리스도인에게 찾아가 상담을 요청하십시오. 영원에 대한 두려움 때문에 밤에 잠을 이루지 못하거나 고민하지 말고 도움을 청하십시오.

"교만에서는 다툼만 일어날 뿐이라. 권면을 듣는 자는 지혜가 있느니라"(잠언 13:10), "너는 권고를 들으며 훈계를 받으라. 그리하면 네가 필경은 지혜롭게 되리라"(잠언 19:20)라고 잠언에서는 말합니다. 물론 아무에게나 찾아가서는 안 되고, 반드시 경건한 사람에게 찾아가야 합니다. 성경을 잘 알며 당신에게 현명한 조언을 할 수 있는 사람에게 상담을 요청하십시오. 한 명 이상에게 도움을 구하는 것도 좋습니다. 당신에게 "물론 당신은 그리스도인이지요! 무엇 때문에 자신이 그리스도인이 아니라는 어리석은 생각을 하게 됐습니까? 더 이상 생각하지 마십시오"라고 말하는 사람이 있다면, 다른 사람을 찾아가십시오.

그렇게 하는 것이 어려울 수도 있다는 것을 잘 알고 있습니다. 오랫동안 당신은 자신이 그리스도를 따르고 있다고 말해 왔을지도 모릅니다. 다른 사람들이 당신을 영적 지도자로 생각해 왔는데 당신이 구원에 대하여 의심을 가지고 있다는 것을 알면 그들이 크나큰 충격을 받을지도 모릅니다. 그러나 두려움이나 자존심 때문에 확신을 추구하는 것을 포기해서는 안 됩니다. 당신의 영혼과 당신의 영원한 삶과 그리고 하늘나라와 지옥과 관련된 심각한 문제라는 것을 잊지 마십시오.

확신을 위하여 기도하라

기본적인 것이라고 들릴지 모르지만, 당신은 "주님, 제게 확신을 주십시오"라고 기도해 본 적이 있습니까? 확신을 달라고 간절히 지속적으로 기도해 본 적이 있습니까? 설교를 듣거나 이 책을 읽으면서 이 문제에 대하여 생각해 본 적은 있겠지만, 당신은 확신을 달라고 하나님께 구한 적이 있습니까? 앤드루 그레이는 "확신이 없다고 하는 많은 사람들이 이를 위해 하나님 앞에 무릎을 꿇는 적은 별로 없다는 것은 참으로 이상한 일입니다"라고 말했습니다.

주님께 다음과 같이 기도하십시오. "주님, 저는 지금 제가 하나님의 자녀인지 확신하지 못하여 갈등하고 있습니다. 제가 진정으로 믿었는지 의심이 갑니다. 제 마음의 진정한 상태를 깨닫게 하여 주시며, 제가 주님과 어떤 관계에 놓여 있는지 보여 주십시오. 제가 그리스도인이 아니라면 분명히 알 수 있도록 해주십시오. 만약 그리스도인이라면 성경을 통해 온전히 확신할 수 있도록 도와주십시오." 당신에게 확신이 없다면, 이는 당신이 주님께 구하지 않았기 때문은 아닙니까(야고보서 4:2)?

하나님께서 당신에게 더 온전한 확신을 주실 때까지 인내하며 기다리라

웨스트민스터 신앙 고백에서는 확신에 대하여 다음과 같이 말합니다. "진정으로 믿는 사람이라면 온전히 확신할 때까지, 많은 어려움이 있고 갈등이 있더라도 오래 기다릴 줄 압니다." 당신이 아는 모든 것을 했지만 여전히 확신이 없다면, 계속 충성스럽고, 꾸준히 기도하며 기다리십시오.

토머스 브룩스는 기다리는 동안 "실망이 되어 가만히 있지 말고, 일어나서 활동하라"고 권면합니다. 수동적으로 기다리지만 마십시오. 흔히 확신은 씨앗과 같습니다. 자라기 위해서는 시간이 필요합니다. 당신의 할 일은 이 씨앗이 자라는 것을 방해하는 잡초와 같은 죄를 제거하는 것입니다. 이 씨앗에 말씀과 기도로 물을 주어야 하며, 다른 영적 훈련을 통해 길러야 합니다. 그러나 하나님만이 자라게 하실 수 있습니다.

하나님께서는 때로 확신과 관련하여 실망의 구덩이에서 기다려 온 사람들이 다음과 같은 간증을 할 수 있게 해주십니다.

> 내가 여호와를 기다리고 기다렸더니 귀를 기울이사 나의 부르짖음을 들으셨도다. 나를 기가 막힐 웅덩이와 수렁에서 끌어 올리시고, 내 발을 반석 위에 두사 내 걸음을 견고케 하셨도다. (시편 40:1-2)

당신은 여전히 불확실이라는 "기가 막힐 웅덩이와 수렁"에서 헤매고 있을지 모릅니다. 하나님께서 얼마나 오랫동안 기다리게 하실지는 나도 알 수가 없습니다. 그러나 얼마 동안을 기다리게 되든, 다음과 같은 브룩스의 말은 진실합니다. "하나님께서는 절대로 기대를 저버리신 적이 없습니다. 또한 기다리는 영혼을 절대로 저버리시지 않을 것입니다.…확신은 얻기 위해 기다릴 만한 가치가 있는 보석입니다."

추가 적용

확신은 하나님께서 주시는 선물이며, 당신의 노력만으로는 얻을 수 없습니다. 그럼에도 불구하고 당신의 노력이 없으면 얻을 수 없습니다. 어느 날 예수님께서는 제자들에게 사람들이 예수님을 누구로 생각하고 있는지 물으셨습니다. 사람들이 부활한 세례 요한이나 엘리야나 예레미야 혹은 또 다른 선지자라고 한다는 말을 들으시고, 예수님께서는 제자들에게 "너희는 나를 누구라 하느냐?"고 물으셨습니다. 이때 베드로가 대답했습니다. "주는 그리스도시요, 살아 계신 하나님의 아들이시니이다." 그러자 예수님께서는 "바요나 시몬아, 네가 복이 있도다. 이를 네게 알게 한 이는 혈육이 아니요, 하늘에 계신 내 아버지시니라"고 대답하셨습니다(마태복음 16:13-17).

이는 확신의 경우에도 마찬가지입니다. 하나님께서는 성령을 통하여 그분의 백성들에게 그들이 하나님의 소유라는 확신을 주십니다. 진정한 확신은 하나님의 은혜의 선물입니다.

그렇다고 해서 하나님께서 우리에게 확신을 심어 주실 때까지 우리는 아무것도 할 필요가 없이 그냥 기다리기만 해야 한다는 말은 아닙니다. "그리스도인들이여, 기억하십시오. 은혜 안에서의 훈련이 없는 것이 바로 당신이 받은 은혜를 분별하지 못하며, 장차 누릴 행복을 확신하지 못하는 이유입니다"라고 브룩스는 말했습니다.

확신을 결코 얻지 못한다 해도 그리스도인의 삶을 지속하며, 하나님을 추구하는 삶을 지속하겠습니까? 1652년에 발간된 설교집에서 영국의 청교도인 앤소니 버지스는 하나님께서는 때때로 우리에게 확신을 주시지 않을 수도 있는데, 이는 죄의 맛이 얼마나 쓴지를 알게 하시기 위함이라고 했습니다. 어떤 사람의 경우에는 영적 교만을 막기 위해 확신을 주시지 않습니다. 또 다른 사람들에게 하나님께서 확신을 늦게 주시는 이유는, 하나님께서 확신을 주실 때 어떤 사람들처럼 확신을 당연한 것으로 여기지 않고 더욱 감사하도록 하기 위함입니다. 또는 그분의 자녀들이 믿음으로 계속 순종하게 함으로 한층 더 영광을 받으시기 위하여 확신을 주시기를 연기하는 경우도 있습니다. 또는, 믿으면서도 확신이 부족한 사람들을 훗날 위로할 수 있도록 하기 위해 오랫동안 확신을 주지 않으실 수도 있습니다. 만약 하나님께서 여전히 확신을 주시지 않았다면, 이것이 그 이유인지도 모릅니다. 그럼에도, 핵심이 되는 질문은, "하나님께서 무엇을 하고 계시느냐?"이 아니라 "당신이 무엇을 하겠느냐?"입니다. 당신은 결코 확신을 얻지 못한다 해도, 여전히 하나님께 순종하여 하나님을 찾으며 하나님을 위해 살겠습니까?

이처럼 계속 무슨 영적인 느낌이 아니라 믿음으로 살아가는 것 자체가 구원을 받았다는 좋은 증거가 됩니다. 하나님의 자녀가 아니고서야 하나님의 사랑을 확신하지 못하면서도 지속적으로 하나님의 아들과 딸로서 살아가려고 하겠습니까? 성령께서 내주하지 않는 사람이 어떻게 영적인 일에 대한 열망을 계속 유지하며 살아가겠습니까? 하늘나라의 시민이며 위로부터 난 사람이 아니고야 누가 그곳으로 가고 있다는 뚜렷한 느낌도 없는데 하늘나라를 바라보며 인내하며 살아가겠습니까?

만약 확신의 부족이 사탄의 공격이나 시련, 혹독한 환경, 질병, 곤경, 혹은 하나님께서 임재하고 계신다는 느낌을 거두시는 것 때문이라면, 확신을 추구해 가는 데 있어서 가장 중요한 것은 인내입니다. 당신의 영혼은 고통을 많이 겪으며, 혹시 하나님께서 계속 확신을 주지 않으실지라도, 욥과 같이 기다리십시오. 하나님께서 욥에게서 가족과 부와 건강을 가져 가실 때, 욥은 "그가 나를 죽이실지라도 나는 그를 의뢰하리니…"(욥기 13:15, KJV)라고 말했습니다.

하나님께서는 선하시며 우리에게 확신을 주기를 좋아하십니다. 누군가 당신의 어린 자녀들에게 그들이 법적으로 다른 사람의 자녀라고 말했다고 해봅시다. 당신의 자녀가 근심에 싸여 당신에게 진정으로 자기가 당신의 자녀인지 확신을 달라고 한다면 당신은 어떻게 반응하겠습니까? 물론 확신을 심어 줄 것입니다. 하물며, 크고 완전한 사랑을 지니신 하나님께서 그분의 자녀들에게 확신을 심어 주는 면에서 당신보다 못하시겠습니까?

물론 하나님께서는 때로 확신을 당장 주시지 않고 기다리시는 경우도 있습니다. 그러나 사랑이 많으시고 지혜로우신 아버지께서는 오직 사랑의 동기에 의해서만, 그분의 자녀들이 확신의 감정이 없이 지내는 것을 허락하십니다.

그러므로 하나님의 선하심과 긍휼에 대해 의심하지 마십시오. 원수와 죄인 된 우리를 위하여 아들의 목숨까지 주실 정도로 우리를 사랑하신다면, 이제 그분의 아들이 된 사람들에게 확신을 주시기를 오래 지체하시겠습니까? 토머스 브룩스의 글로 마지막 말을 대신하겠습니다.

> 만약 확신을 강화시키고 유지하기 원한다면, 당신의 마음이 확신 자체보다는 그리스도께 향하게 하십시오. 햇살보다는 태양으로, 물줄기보다는 샘의 근원으로, 가지보다는 뿌리로, 결과보다는 원인으로 향하십시오. 아가 1:13처럼 말입니다. 확신은 달콤한 것이지만 그리스도는 더욱 달콤합니다. 확신은 멋진 것이지만, 그리스도는 더욱 멋집니다. 아가 5:16처럼 말입니다. 확신은 보배롭지만, 그리스도는 더욱 보배롭습니다.… 그러므로 당신의 눈과 마음을

처음부터 끝까지 당신 전부를 다하여 그리스도께만 고정시키십시오. 그러면 확신이 당신과 더불어 먹고 자게 될 것입니다.

본서는 미국 NavPress와의 계약에 의하여 번역 출간한 것이므로 본서의 전부 또는 일부의 무단 복제, 또는 원문에 대한 무단 번역을 금합니다.

구원의 확신

초판 1쇄 발행 : 1997년 5월 1일
초판 7쇄 발행 : 2019년 8월 5일

펴낸곳 : 네비게이토 출판사 ⓒ
주소 : 03784 서울시 서대문구 연희로 16 (창천동)
전화 : 334-3305(대표), 334-3037(주문), FAX : 334-3119
홈페이지 http://navpress.co.kr
출판등록 : 제10-111호(1973년 3월 12일)

ISBN 978-89-375-0204-0   03230